Yevgeny Yevtushenko • Евгений Евтушенко

THE BEST OF THE BEST

•

ЛУЧШЕЕ ИЗ ЛУЧШЕГО

The Evening Rainbow • Вечерняя радуга

VIA
PRESS

Baltimore, MD

Yevgeny Yevtushenko / Евгений Евтушенко
The Best of the Best / Лучшее из лучшего

The Evening Rainbow / Вечерняя радуга

Edited by Albert C. Todd, Kevin Mulloney and Alexander Yevtushenko.
Photo by Christopher Owen (front cover). Yevgeny Yevtushenko at the party
dedicated to the memory of Lev Kopelev in Cologne (back cover).

Library of Congress Cataloging-in-Publication Data
ISBN 1-885563-20-5
1. Russian literature.
I. Title. II. Title: The Best of the Best.
PG3350.5.J68D78   1999
891.71'44--dc20   99-072955
CIP

Published by VIA Press
Vestnik Informaion Agency, Inc.
6100 Park Heights Ave., Baltimore, MD 21215-3624, U.S.A.
tel. (410) 358-0900, fax (410) 358-3867
e-mail: books@vestnik.com, http://www.vestnik.com

"To me Yevtushenko is a poet in the great tradition of Russian letters. He was the first and still is the most outspoken against Stalin and the dangers of a revival of Stalinism."

Harrison Salisbury

"...Yevtushenko is clearly a figure of important international stature, who has much to contribute to the life and letters in this country and to the broader world of relations between America and Russia. It is rare for someone who is so talented and famous at an early age to sustain his career..."

James H. Billington,
Librarian of Congress

"...the most celebrated voice of the 'thaw'..."

Serge Schmeman
New York Times

"Aside from being one of Russia's and the world's most renowned poets he is a lecturer and teacher of remarkable gifts"

William Styron

"In my mind he is one of the true heroes of the entire Soviet period"

Norman Mailer

"For many years he has been on the cutting edge of the intellectual battles raging around the problems of our country and entire planet."

Mikhail Gorbachev

"Yevtushenko has been one of Russia's most adventurous writers for more than thirty years. His work has played an important part in Russia's historic struggle to open herself up to the modern world."

Arthur Miller

ABOUT THE AUTHOR

Yevgeny Yevtushenko was born in 1933 in Zima Junction, Siberia. His first poem was published in 1949 and his first book in 1952. He was expelled from the Young Communist League and the Gorky Literary Institute for his "individualism" in 1957, but his early poems were praised by Pasternak, Carl Sandburg and Robert Frost. Before the appearance of Solzhenitsyn, Sakharov and other dissidents on the Russian political stage, his poetry became the first lonely voice against Stalinism.

Beginning in 1960 he became the first Russian poet to break the Iron Curtain and to recite his poetry in the West, where he was befriended by Pablo Picasso, Max Ernst, Henry Moore, Federico Fellini, John Steinbeck, Graham Green, Heinrich Boll, T.S. Elliot, and Gabriel Garcia Marquez. He recited his poetry in Madison Square Garden, Lincoln Center, Carnegie Hall, the Opera di Roma, and the Bolshoi Theater.

In 1961 he published his sensational poem against anti-Semitism — "Babii Yar." The great Russian composer Dmitri Shostakovich created his 13th Symphony based on "Babii Yar" and other of Yevtushenko's poems. At the risk of arrest and repression Yevtushenko protested many times against dissidents' trials in the USSR, against the Soviet invasion of Czechoslovakia, wrote a bitter poem about the war in Afganistan, and campaigned for the release of the imprisoned Vaclav Havel. Together with Andrei Sakharov, Yevtushenko was one of the founders of the first Russian anti-Stalinist association "Memorial."

From 1988 to 1991 Yevtushenko served as a member of the first freely elected Parliament of the USSR where he fought against censorship and other restrictions. He recited his poetry from the balcony of the Russian White House before two hundred thousand defenders of freedom during the attempted coup d'etat by right-wing leaders in 1991.

In 1991 Yevtushenko received the highest honor the American Jewish Committee has to bestow — the American Liberties Medallion "... for exceptional advancement of the principles of human liberty." In Russia he received the Defenders of Freedom Medal, given to those who were on the barricades. In his congratulatory letter on this occasion President Yeltsin wrote: "Your innate, multifaceted talent arose brightly in the now distant years of the 'thaw.' Civic consciousness then played a huge role in the spiritual liberation and awakening of the people of Russia." However when Yevtushenko was invited to the Kremlin on December 29, 1994 to receive from Yeltsin's hands the highest Russian decoration "The Order of Friendship Between Peoples" he publicly refused to accept it because of the bloodshed in Chechnya.

Yevtushenko divides his time between Russia and the USA, lecturing in American universities. He is an honorary citizen of many American cities, including Atlanta, New Orleans, Mobile, Oklahoma City, and Tulsa. He has toured 94 countries. His works have been translated into 72 languages. Among his American translators are James Dickey, John Updike, Stanley Kunitz, Richard Wilbur, and Allen Ginsberg. He is an honorary member of the American Academy of Arts and Letters and a member of the European Academy of Arts and Sciences. He is the Poet Laureate of Russia. In 1998, he received the Russian "Emmy"-- the "Orpheus" for the best cultural television show, dedicated to poetry. In 1999 he was named Poet in Residence of Walt Whitman House Museum.

Table of Contents · Содержание

"The window looks out onto..."

To L. Martynov

The window looks out onto the white trees.
The schoolmaster looks out at the trees,
For a long, long time he looks at the trees
Breaking chalk slowly in one hand.
It's only —
        the rules of long division.
And he's forgotten them —
                the rules of long division.
Imagine —
      Not remembering —
              long division!
A mistake!
      Yes!
         A mistake on the blackboard!
We all sit today in a different way,
and listen and watch with a different attention,
yes and it could not today be any different,
and we need no prompting about it.
The schoolmaster's wife has left him.
We know not
        where she has gone,
we do not know
        why she has gone,
what we know is his wife has gone away.
In a suit neither new nor in fashion,
As always, neither new nor in fashion,
Yes, as always, neither new nor in fashion,
the schoolmaster goes downstairs to the cloakroom.
He fumbles long in his pocket for a check:
"Well, what's wrong?
        Where is the check?
Perhaps I never picked up my check?
Where did it go?"
      He rubs his forehead.

"Окно выходит в белые деревяья..."

Л. Мартынову

Окно выходит в белые деревья.
Профессор долго смотрит на деревья.
Он очень долго смотрит на деревья
и очень долго мел крошит в руке.
Ведь это просто —
                правила деленья!
А он забыл их —
              правила деленья!
Забыл —
        подумать —
                 правила деленья.
Ошибка!
     Да!
         Ошибка на доске!
Мы все сидим сегодня по-другому,
И слушаем и смотрим по-другому,
да и нельзя сейчас не по-другому,
и нам подсказка в этом не нужна.
Ушла жена профессора из дому,
Не знаем мы,
          куда ушла из дому,
не знаем,
        отчего ушла из дому,
а знаем только, что ушла она.
В костюме и немодном, и неновом, —
как и всегда, немодном и неновом,
да, как всегда, немодном и неновом, —
спускается профессор в гардероб.
Он долго по карманам ищет номер:
"Ну что такое?
           Где же этот номер?
А может быть, не брал у вас я номер?
Куда он делся? —
          Трет рукою лоб. —

"Oh, here it is!...
                    It's obvious,
                                    I'm getting old.
Don't argue, Auntie Masha,
                                    I'm getting old.
You can't do much
                    about getting old."
We hear the door below
                    creaking behind him.
The window looks out onto the white trees
onto the tall wonderful trees,
but now we are looking not at the trees,
we look in silence at the schoolmaster.
He leaves,
            back bent,
                        clumsy,
somehow helplessly clumsy.
I ought to have said —
                    wearily clumsy,
beneath the snow
                    falling softly in the silence.
And like the trees,
            he becomes
                        white.
Yes,
    like the trees,
                    perfectly white.
A little more —
                    and he will he so white
that among the trees
                    he won't be seen.

1955

Translated by Albert C. Todd

Ах, вот он!..
                  Что ж,
                           как видно, я старею.
Не спорьте, тетя Маша,
                           я старею,
И что уж тут поделаешь —
                           старею..."
Мы слышим —
                  дверь внизу скрипит за ним.
Окно выходить в белые деревья,
в большие и красивые деревья,
но мы сейчас глядим не на деревья,
мы молча на профессора глядим.
Уходит он,
          сутулый,
                  неумелый,
какой-то беззащитно неумелый,
я бы сказал —
                  устало неумелый,
под снегом,
                  мягко падающим в тишь.
Уже и сам он,
                  как деревья,
                           белый,
да,
     как деревья,
                  совершенно белый,
еще немного —
                  и настолько белый,
что среди них
                  его не разглядишь.

1955

PROLOGUE

I'm many-sided.
　　　　　I'm overworked,
and idle too.
I have a goal
　　　　　and yet I'm aimless.
I don't, all of me, fit in;
　　　　　　　I'm awkward,
shy and rude,
nasty and good-natured.
I love it,
　　　when one thing follows another
and so much of everything is mixed in me:
from west to east,
from envy to delight.
I know, you'll ask:
　　　　　"What about the overall goal?"
There's tremendous value in this all!
I'm indispensable to you!
　　　　　　I'm heaped as high
as a truck with fresh-mown hay!
I fly through voices,
　　　　　through branches,
　　　　　　　light and chirping,
and butterflies flutter in my eyes,
　　　　　　　and hay pushes out of cracks.
I greet all movement! Ardor,
and eagerness, triumphant eagerness!
Frontiers are in my way.
　　　　　　It is embarrassing
for me not to know Buenos Aires and New York.
I want to walk at will
　　　　　through London,
and talk with everyone,
　　　　　　even in broken English.
I want to ride
　　　　through Paris in the morning,
hanging on to a bus like a boy.

12

ПРОЛОГ

Я разный —
         я натруженный и праздный.
Я целе-
        и нецелесообразный.
Я весь несовместимый,
           неудобный,
застенчивычй и наглый,
           злой и добрый.
Я так люблю,
      чтоб все перемежалось!
И столько всякого во мне перемешалось —
от запада
      и до востока,
от зависти
      и до восторга!
Я знаю — вы мне скажете:
            "Где цельность?"
О, в этом всем огромная есть ценность!
Я вам необходим.
Я доверху завален,
как сеном молодым
машина грузовая.
Лечу сквозь голоса,
сквозь ветки, свет и щебет,
и — бабочки в глаза,
и — сено прет сквозь щели!
Да здравствует движение и жаркость,
и жадность,
      торжествующая жадность!
Границы мне мешают...
        Мне неловко
не знать Буэнос-Айреса, Нью-Йорка.
Хочу шататься, сколько надо, Лондоном,
со всеми говорить —
        пускай на ломаном.
Мальчишкой,
     на автобусе повисшем,

I want art to be
>   as diverse as myself;
and what if art be my torment
and harass me
>   on every side,
I am already by art besieged.
I've seen myself in every everything:
I feel kin to Yesenin
>   and Walt Whitman,
to Mussorgsky grasping the whole stage,
and Gauguin's pure virgin line.
I like
>   to use my skates in winter,
and, scribbling with a pen,
>   spend sleepless nights.
I like
>   to defy an enemy to his face,
and bear a woman across a stream.
I bite into books, and carry firewood,
pine,
>   seek something vague,
and in the August heat I love to crunch
cool scarlet slices of watermelon.
I sing and drink,
>   giving no thought to death;
with arms outspread
>   I fall upon the grass,
and if, in this wide world, I come to die,
then it's certain to be
>   from sheer joy that I live.

1955

Translated by George Reavey (Revised)

хочу проехать утренним Парижем!
Хочу искусства разного,
                          как я!
Пусть мне искусство не дает житья
и обступает пусть со всех сторон...
Да я и так искусством осажден.
Я в самом разном сам собой виден.
Мне близки
              и Есенин,
                        и Уитмен,
и Мусоргским охваченная сцена,
и девственные линии Гогена.
Мне нравится
              и на коньках кататься,
и, черкая пером, не спать ночей.
Мне нравится
              в лицо врагу смеяться
и женщину нести через ручей.
Вгрызаюсь в книги
и дрова таскаю,
грущу,
        чего-то смутного ищу,
и алыми морозными кусками
арбуза августовского хрущу.
Пою и пью,
            не думая о смерти,
раскинув руки,
                падаю в траву,
и если я умру
              на белом свете,
то я умру от счастья,
                      что живу.

1955

BABII YAR

No monument stands over Babii Yar.
A drop sheer as a crude gravestone.
I am afraid.
        Today I am as old in years
as all the Jewish people.
Now I seem to be
        a Jew.
Here I plod through ancient Egypt.
Here I perish crucified, on the cross,
and to this day I bear the scars of nails.
I seem to be
        Dreyfus.
The Philistine
        is both informer and judge.
I am behind bars.
        Beset on every side.
Hounded,
    spat on,
        slandered.
Squealing, dainty ladies in flounced Brussels lace
stick their parasols into my face.
I seem to be then
        a young boy in Byelostok.
Blood runs, spilling over the floors.
The barroom rabble-rousers
give off a stench of vodka and onion.
A boot kicks me aside,
        helpless.
In vain I plead with these pogrom bullies.
While they jeer and shout,
        "Beat the Yids. Save Russia!"
some grain-marketeer beats up my mother.
O my Russian people!
        I know
          you
are international to the core.

БАБИЙ ЯР

Над Бабьим Яром памятников нет.
Крутой обрыв, как грубое надгробье.
Мне страшно.

          Мне сегодня столько лет,
как самому еврейскому народу.
Мне кажется сейчас —

                   я иудей.
Вот я бреду по древнему Египту.
А вот я, на кресте распятый, гибну,
и до сих пор на мне — следы гвоздей.
Мне кажется, что Дрейфус —

                     это я.
Мещанство —

          мой доносчик и судья.
Я за решеткой.

               Я попал в кольцо.
Затравленный,

               оплеванный,

                     оболганный.
И дамочки с брюссельскими оборками,
визжа, зонтами тычут мне в лицо.
Мне кажется —

             я мальчик в Белостоке.
Кровь льется, растекаясь по полам.
Бесчинствуют вожди трактирной стойки
и пахнут водкой с луком пополам.
Я, сапогом отброшенный,

                  бессилен.
Напрасно я погромщиков молю.
Под гогот:

          "Бей жидов, спасай Россию!" —
насилует лабазник мать мою.
О, русский мой народ!

               Я знаю —

                     ты
по сущности интернационален.

But those with unclean hands
have often made a jingle of your purest name.
I know the goodness of my land.
How vile these anti-Semites —
                          without a qualm
they pompously called themselves
the Union of the Russian People!
I seem to be
                Anne Frank
transparent
              as a branch in April.
And I love.
                And have no need of phrases.
My need
          is that we gaze into each other.
How little we can see
                        or smell!
We are denied the leaves,
                        we are denied the sky.
Yet we can do so much —
                          tenderly
embrace each other in a darkened room.
They're coming here?
                        Be not afraid. Those are the booming
sounds of spring:
                    spring is coming here.
Come then to me.
                    Quick, give me your lips.
Are they smashing down the door?
                                No, it's the ice breaking...
The wild grasses rustle over Babii Yar.
The trees look ominous,
                          like judges.
Here all things scream silently,
                          and, baring my head,
slowly I feel myself
                    turning gray.
And I myself
          am one massive, soundless scream
above the thousand thousand buried here.

Но часто те, чьи руки нечисты,
твоим чистейшим именем бряцали.
Я знаю доброту твоей земли.
Как подло,
          что, и жилочкой не дрогнув,
антисемиты пышно нарекли
себя "Союзом русского народа"!
...Мне кажется —
              я — это Анна Франк,
прозрачная,
            как веточка в апреле.
И я люблю.
            И мне не надо фраз.
Мне надо,
          чтоб друг в друга мы смотрели.
Как мало можно видеть,
                      обонять!
Нельзя нам листьев
                  и нельзя нам неба.
Но можно очень много —
                      это нежно
друг друга в темной комнате обнять.
Сюда идут?
          Не бойся — это гулы
самой весны —
              она сюда идет.
Иди ко мне.
            Дай мне скорее губы.
Ломают дверь?
                Нет — это ледоход...
Над Бабьим Яром шелест диких трав.
Деревья смотрят грозно,
                        по-судейски.
Все молча здесь кричит,
                        и, шапку сняв,
я чувствую,
            как медленно седею.
И сам я,
        как сплошной беззвучный крик,
над тысячами тысяч погребенных.

I am
    each old man
        here shot dead.
I am
    every child here shot dead.
Nothing in me
        shall ever forget!
The "Internationale," let it
          thunder
when the last anti-Semite on earth
is buried forever.
In my blood there is no Jewish blood.
But in their callous rage, all anti-Semites
must hate me now as a Jew.
For that reason
        I am a true Russian!

1961

Translated by George Reavey

Я —
  каждый здесь расстрелянный старик.
Я —
  каждый здесь расстрелянный ребенок.
Ничто во мне
    про это не забудет!
"Интернационал"
    пусть прогремит,
когда навеки похоронен будет
последний на земле антисемит.
Еврейской крови нет в крови моей.
Но ненавистен злобой заскорузлой
я всем антисемитам,
    как еврей,
и потому —
    я настоящий русский!

1961

THE HEIRS OF STALIN

Mute was the marble.
                    Mutely glimmered the glass.
Mute stood the sentries,
                    bronzed by the breeze.
But thin wisps of breath
                    seeped from the coffin
when they bore him
                    out of the mausoleum doors.
Slowly the coffin floated by,
                    grazing the fixed bayonets.
He was also mute —
                    he also! —
                    but awesome and mute.
Grimly clenching
                    his embalmed fists,
he watched through a crack inside,
                    just pretending to be dead.
He wanted to fix each pallbearer
                    in his memory:
young recruits
                    from Ryazan and Kursk,
in order somehow later
                    to collect strength for a sortie,
and rise from the earth
                    and get
                    to them,
                    the unthinking.
He has worked out a scheme.
                    He's merely curled up for a nap.
And I appeal
                    to our government with a plea:
to double,
                    and treble, the guard at this slab,
so that Stalin will not rise again,
                    and with Stalin—the past.
We sowed crops honestly.
                    Honestly we smelted metal,

НАСЛЕДНИКИ СТАЛИНА

Безмолвствовал мрамор.
                    Безмолвно мерцало стекло.
Безмолвно стоял караул,
                    на ветру бронзовея.
А гроб чуть дымился.
                    Дыханье из гроба текло,
когда выносили его
                    из дверей Мавзолея.
Гроб медленно плыл,
                    задевая краями штыки.
Он тоже безмолвным был —
                    тоже! —
                              но грозно безмолвным.
Угрюмо сжимая
                    набальзамированные кулаки,
в нем к щели глазами приник
                    человек, притворившийся мертвым.
Хотел он запомнить
                    всех тех, кто его выносил, —
орловских и курских
                    молоденьких новобранцев,
чтоб как-нибудь после
                    набраться для вылазки сил,
и встать из земли,
                    и до них,
                              неразумных,
                                        добраться.
Он что-то задумал.
                    Он лишь отдохнуть прикорнул.
И я обращаюсь
                    к правительству нашему с просьбою:
удвоить,
          утроить у этой плиты караул,
чтоб Сталин не встал
                    и со Сталиным — прошлое.
Мы сеяли честно.
                    Мы честно варили металл,

and honestly we marched,
                    in ranks as soldiers.
But he feared us.
                Believing in a great goal,
                        he forgot
that the means must be worthy
                    of the goal's greatness.
He was farsighted.
                Wily in the ways of combat,
he left behind him
                many heirs on this globe.
It seems to me
            a telephone was installed in the coffin.
To someone once again
                    Stalin
                    is sending his instructions.
Where does the cable yet go
                    from that coffin?
No, Stalin did not die.
                He thinks death can be fixed.
We removed
            him
                from the mausoleum.
But how do we remove Stalin
                    from Stalin's heirs?
Some of his heirs
                tend roses in retirement,
but secretly consider
                    their retirement temporary.
Others,
        from platforms rail against Stalin,
but, at night, yearn for the old days.
It is no wonder Stalin's heirs,
                    with reason today
visibly suffer heart attacks.
                They, the former henchmen,
hate a time
        when prison camps are empty,
and auditoriums,
            where people listen to poetry,
                        are overfilled.

и честно шагали мы,

        строясь в солдатские цепи.

А он нас боялся.

      Он, веря в великую цель,

             не считал,

что средства должны быть достойны

          величия цели.

Он был дальновиден.

      В законах борьбы умудрен,

наследников многих

        на шаре земном он оставил.

Мне чудится —

      будто поставлен в гробу телефон.

Кому-то опять

     сообщает свои указания

           Сталин.

Куда еще тянется провод

       из гроба того?

Нет, Сталин не умер.

      Считает он смерть поправимостью.

Мы вынесли

    из Мавзолея

      его,

но как из наследников Сталина

      Сталина вынести?

Иные наследники

     розы в отставке стригут,

но втайне считают,

      что временна эта отставка.

Иные

   и Сталина даже ругают с трибун,

а сами ночами тоскуют о времени старом.

Наследников Сталина,

      видно, сегодня не зря

хватают инфаркты.

     Им, бывшим когда-то опорами,

не нравится время,

     в котором пусты лагеря,

а залы,

   где слушают люди стихи,

       переполнены.

My motherland commands me not to be calm.
Even if they say to me:
                    "Be assured..." —
                                        I am unable.
While the heirs of Stalin
                    are still alive on this earth,
it will seem to me
                    that Stalin still lives in the mausoleum.

1962

Translated by George Reavey (Revised)

Велела не быть успокоенным Родина мне.
Пусть мне говорят:
     "Успокойся!" —
        спокойным я быть не сумею.
Покуда наследники Сталина
       живы еще на земле,
мне будет казаться,
      что Сталин — еще в Мавзолее.

1962

THE CITY OF YES AND THE CITY OF NO

To V. Aksionov

I am like a train
        rushing for many years now
between the city of Yes
        and the city of No.
My nerves are strained
        like wires
between the city of No
        and the city of Yes.

Everything is deadly, everyone frightened, in the city of No.
It's like a study furnished with dejection.
Every morning its parquet floors are polished with bile.
Its sofas are made of falsehood, its walls of misfortune.
Every portrait looks out suspiciously.
Every object is frowning, withholding something.
You'll get lots of good advice in it — like hell you will! —
Typewriters chatter a carbon-copy answer:
"No-no-no...
        No-no-no...
                No-no-no..."
And when the lights go out altogether,
the ghosts in it begin their gloomy ballet.
You'll get a ticket to leave —
        like hell you will! —
to leave
        the black town of No.

But in the town of Yes — life's like the song of a thrush.
This town's without walls — just like a nest.
The sky is asking you to take any star you like in your hand.
Lips ask for yours, without any shame,
Softly murmuring: "Ah — all that nonsense..." —
and daisies, teasing, are asking to be picked,
and lowing herds are offering their milk,
and in no one is there even a trace of suspicion,
and wherever you want to be, you are instantly there,

28

ДВА ГОРОДА

Я, как поезд,

что мечется столько уж лет

между городом Да

и городом Нет.

Мои нервы натянуты,

как провода,

между городом Нет

и городом Да!

Все мертво, все запугано в городе Нет.
Он похож на обитый тоской кабинет.
По утрам натирают в нем желчью паркет.
В нем диваны — из фальши, в нем стены — из бед.
В нем глядит подозрительно каждый портрет.
В нем насупился замкнуто каждый предмет.
Черта с два здесь получишь ты добрый совет,
или, скажем, привет, или белый букет.
Пишмашинки стучат под копирку ответ:
"Нет-нет-нет...

Нет-нет-нет..."
А когда совершенно погасится свет,
начинают в нем призраки мрачный балет.
Черта с два —

хоть подохни —

получишь билет,

чтоб уехать

из черного города Нет...

Ну, а в городе Да — жизнь, как песня дрозда.
Этот город без стен, он — подобье гнезда.
С неба просится в руки любая звезда.
Просят губы любые твоих без стыда,
бормоча еле слышно: "А, — все ерунда..." —
и, мыча, молоко предлагают стада,
и ни в ком подозрения нет ни следа,
и куда ты захочешь, мгновенно туда
унесут поезда, самолеты, суда.

taking any train, or plane, or ship that you like.
And water, faintly murmuring, whispers through the years:
"Yes-yes-yes...
        Yes-yes-yes...
                Yes-yes-yes..."
Only to tell the truth, it's a bit boring, at times,
to be given so much, almost without any effort,
in that shining multicolored city of Yes...
Better let me be tossed around
                to the end of my days,
between the city of Yes
          and the city of No!
Let my nerves be strained like
          like wires
between the city of No
         and the city of Yes!

1964

Translated by Tina Tupikina-Glaessner,
Geoffrey Dutton, and Igor Mezhakoff-Koryakin (Revised)

и, журча, как года, чуть лепечет вода:
"Да-да-да...
      Да-да-да...
           Да-да-да..."
Только скучно, по правде сказать, иногда,
что дается мне столько почти без труда
в разноцветно светящемся городе Да...
Пусть уж лучше мечусь

               до конца моих лет
между городом Да

        и городом Нет!
Пусть уж нервы натянуты,

            как провода,
между городом Нет

        и городом Да!

1964

SLEEP, MY BELOVED

The salty spray glistens on the fence.
The wicket gate is bolted tight.
                              And the sea,
smoking and heaving and scooping the dikes,
has sucked into itself the salty sun.
Sleep, my beloved...
                    don't torment my soul.
Already the mountains and the steppes are falling asleep,
and our lame dog,
                    shaggy and sleepy,
lies down and licks his salty chain.
And the branches are murmuring
                              and the waves are trampling
and the dog and his day
                    are on the chain,
and I say to you, whispering
                    and then half whispering
and then quite silently,
                    "Sleep, my beloved..."
Sleep, my beloved...
                    Forget that we quarreled.
Imagine —
          we are waking.
                    Everything is new.
We are lying in the hay,
                    we sleepyheads.
                              Part of the dream
is the scent of sour cream, from somewhere below,
                              from the cellar.
Oh, how can I make you imagine all this,
you, so mistrustful?
                    Sleep, my beloved...
Smile in your dream.
                    Put away your tears.
Go and gather flowers
                    and wonder where to put them,
burying your face in them.

ЛЮБИМАЯ, СПИ...

Соленые брызги блестят на заборе.
Калитка уже на запоре.
                              И море,
дымясь, и вздымаясь, и дамбы долбя,
соленое солнце всосало в себя.
Любимая, спи...
                    Мою душу не мучай.
Уже засыпают и горы, и степь.
И пес наш хромучий,
                    лохмато-дремучий,
ложится и лижет соленую цепь.
И море — всем топотом,
                    и ветви — всем ропотом,
и всем своим опытом —
                    пес на цепи,
а я тебе — шепотом,
                    потом — полушепотом,
потом — уже молча:
                    "Любимая, спи..."
Любимая, спи...
                    Позабудь, что мы в ссоре.
Представь:
          просыпаемся.
                    Свежесть во всем.
Мы в сене.
          Мы сони.
                    И дышит мацони
откуда-то снизу, из погреба, — в сон.
О, как мне заставить все это представить
тебя, недоверу?
                    Любимая, спи...
Во сне улыбайся
                    (все слезы оставить!),
цветы собирай
                    и гадай, где поставить,
и множество платьев красивых купи.

Are you muttering?
                    Tired, perhaps, of tossing?
Muffle yourself up in your dream
                         and wrap yourself in it.
In your dream you can do whatever you want to,
all that
           we mutter about
                    if we don't sleep.
It's reckless not to sleep,
                    it's even a crime.
All
     that is latent
                cries out from the depths.
It is difficult for your eyes.
                         So much crowded in them.
It will be easier for them under closed eyelids.
Sleep, my beloved...
                    What is it that's making you sleepless?
Is it the roaring sea?
                    The begging of the trees?
Evil forebodings?
                    Someone's dishonesty?"
And maybe, not someone's,
                    but simply my own?
Sleep, my beloved...
                    Nothing can be done about it.
But no,
          I am innocent of that accusation.
Forgive me—do you hear!
                    Love me—do you hear!
Even if in your dream!
                    Even if in your dream!
Sleep, my beloved...
                    We are on the earth,
flying savagely along,
                    threatening to explode,
and we have to embrace
                    so we won't fall down,
and if we do fall —
                    we shall fall together.

34

Бормочется?

        Видно, устала ворочаться?

Ты в сон завернись и окутайся им.

Во сне можно делать все то,

                что захочется,

все то,

      что бормочется,

             если не спим.

Не спать безрассудно

          и даже подсудно, —

ведь все,

      что подспудно,

            кричит в глубине.

Глазам твоим трудно.

          В них так многолюдно.

Под веками легче им будет во сне.

Любимая, спи...

        Что причина бессонницы?

Ревущее море?

        Деревьев мольба?

Дурные предчувствия?

         Чья-то бессовестность?

А может, не чья-то,

        а просто моя?

Любимая, спи...

        Ничего не попишешь,

но знай,

      что невинен я в этой вине.

Прости меня — слышишь? —

          люби меня — слышишь? —

хотя бы во сне,

      хотя бы во сне!

Любимая, спи...

        Мы на шаре земном,

свирепо летящем,

        грозящем взорваться, —

и надо обняться,

        чтоб вниз не сорваться,

а если сорваться —

        сорваться вдвоем.

Sleep, me beloved...
                         don't nurse a grudge.
Let dreams settle softly in your eyes.
It's so difficult to fall asleep on this earth!
And yet —
               Do you hear, beloved?
                       Sleep.
And the branches are murmuring
                     and the waves are trampling
and the dog and his day
               are on the chain,
and I say to you, whispering
                  and then half whispering
and then quite silently,
              "Sleep, my beloved..."

1964

Translated by Geoffrey Dutton with
Tina Tupikina-Glaessner

Любимая, спи...
                    Ты обид не копи.
Пусть соники тихо в глаза заселяются.
Так тяжко на шаре земном засыпается,
и все-таки —
                    слышишь, любимая? —
                                        спи...
И море — всем топотом,
                    и ветви — всем ропотом,
и всем своим опытом —
                    пес на цепи,
и я тебе — шепотом,
                    потом — полушепотом,
потом — уже молча:
                    "Любимая, спи..."

1964

"No I'll not take the half..."

No, I'll not take the half of anything!
Give me the whole sky! The far-flung earth!
Seas and rivers and mountain avalanches —
All these are mine! I'll accept no less!

No, life, you cannot woo me with a part.
Let it be all or nothing! I can shoulder that!
I don't want happiness by halves,
Nor is half of sorrow what I want.

Yet there's a pillow I would share,
Where gently pressed against a cheek,
Like a helpless star, a falling star,
A ring glimmers on a finger of your hand.

1963

Translated by George Reavey

"Нет, мне ни в чем..."

Нет, мне ни в чем не надо половины!
Мне — дай все небо! Землю всю положь!
Моря и реки, горные лавины
мои — не соглашаюсь на дележ!

Нет, жизнь, меня ты не заластишь частью.
Все полностью! Мне это по плечу!
Я не хочу ни половины счастья,
ни половины горя не хочу!

Хочу лишь половину той подушки,
где, бережно прижатое к щеке,
беспомощной звездой, звездой падучей,
кольцо мерцает на твоей руке...

1963

THE EXECUTION OF STENKA RAZIN*

In Moscow, the white-walled capital,
a thief runs with a poppy-seed loaf down the street.
He is not afraid of being lynched today.
There isn't time for loaves...
                           They are bringing Stenka Razin!
The tsar is milking a little bottle of malmsey,
before the Swedish mirror,
                           he squeezes a pimple,
and tries on an emerald seal ring —
and into the square...
                     They are bringing Stenka Razin!
Like a little barrel
                following a fat barrel
a baby landlord rolls along after his mother,
gnawing a bar of toffee with his baby teeth.
Today is a holiday!
                     They are bringing Stenka Razin!
A merchant shoves his way in,
                              flatulent with peas.
Two buffoons come rushing at a gallop.
Drunkard-rogues come mincing...
They are bringing Stenka Razin!
Old men, scabs all over them,
                           hardly alive,
thick cords round their necks,
mumbling something,
                     dodder alone...
They are bringing Stenka Razin!
And shameless girls also,
jumping up tipsy from their sleeping mats,
with cucumber smeared over their faces,
come trotting up —
                     with an itch in their thighs...
They are bringing Stenka Razin!
And with screams from wives of the Royal Guard
amid spitting from all sides

КАЗНЬ СТЕНЬКИ РАЗИНА

Как во стольной Москве белокаменной
вор по улице бежит с булкой маковой.
Не страшит его сегодня самосуд.
Не до булок...
      Стеньку Разина везут!
Царь бутылочку мальвазии выдаивает,
перед зеркалом свейским
       прыщ выдавливает,
примеряет новый перстень-изумруд —
и на площадь...
      Стеньку Разина везут!
Как за бочкой бокастой
       бочоночек,
за боярыней катит боярчоночек.
Леденец зубенки весело грызут.
Нынче праздник!
      Стеньку Разина везут!
Прет купец,
    треща с гороха.
Мчатся вскачь два скомороха.
Семенит ярыжка-плут...
Стеньку Разина везут!!
В струпьях все,
     едва живые
старцы с вервием на вые,
что-то шамкая,
      ползут...
Стеньку Разина везут!
И срамные девки тоже,
под хмельком вскочив с рогожи,
огурцом помазав рожи,
шпарят рысью —
      в ляжках зуд...
Стеньку Разина везут!
И под визг стрелецких жен,
под плевки со всех сторон

on a ramshackle cart
he
 comes sailing
   in a white shirt.
He is silent,
   all covered with the spit of the mob,
he does not wipe it away,
only grins wryly,
smiles at himself:
"Stenka, Stenka,
   you are like a branch
that has lost its leaves.
How you wanted to enter Moscow!
And here you are entering Moscow now...
All right then,
   spit!
    Spit!
     Spit!
after all, it's a free show.
Good people,
   you always spit
at those
  who wish you well.
The tsar's scribe beat me deliberately across the teeth,
repeating,
  fervently:
'Decided to go against the people, did you?
You'll find out about against!'
I held my own, without lowering my eyes.
I spat my answer with my blood:
'Against the landlords —
    true.
Against the people —
    no!'
I do not renounce myself,
I have chosen my own fate myself!
Before you,
  the people, I repent,
but not for what
   the tsar's scribe wanted.
My head is to blame.

42

на расхристанной телеге
плыл
      в рубахе белой
            он.
Он молчал,
      не утирался,
весь оплеванный толпой,
только горько усмехался,
усмехался
      над собой:
"Стенька, Стенька,
      ты, как ветка,
потерявшая листву,
Как в Москву хотел ты въехать!
Вот и въехал ты в Москву...
Ладно,
    плюйте,
        плюйте,
           плюйте —
все же радость задарма.
Вы всегда плюете,
      люди,
в тех,
    кто хочет вам добра.
Дьяк мне бил с оттяжкой в зубы,
приговаривал, ретив:
"Супротив народа вздумал!
Будешь знать, как супротив!"
Я держался,
      глаз не прятал.
Кровью харкал я в ответ:
"Супротив боярства —
        правда.
Супротив народа —
     нет".
От себя не отрекаюсь,
выбрав сам себе удел.
Перед вами, люди, каюсь,
но не в том,
      что дьяк хотел.
Голова моя повинна.

I can see,
           sentencing myself.
I was halfway
           against things,
when I ought to have gone
                      to the very end.
I have sinned in this,
                  that in a world of evil
I was a good idiot.
I sinned in this,
           that being an enemy of serfdom
I was something of a serf myself.
I sinned in this,
           that I thought of doing battle
for a good tsar.
There are no good tsars,
                  fool...
Stenka,
      you are perishing for nothing!"
But over the snouts,
              pig faces,
                      ugly mugs
of tax collectors
              and money changers,
like light through the fog,
Stenka
      saw
           faces.
It's worth bearing it all without a tear,
to be on the rack and wheel of execution,
if sooner or later
faces
      sprout
           threateningly
on the face of the faceless ones...
And calmly
           (obviously he hadn't lived for nothing)
Stenka laid his head down on the block,
settled his chin in the chopped-out hollow
and with the back of his head gave the order:

44

Вижу,

     сам себя казня:

я был против —

         половинно,

надо было —

        до конца.

Грешен тем,

       что в мире злобства

был я добрый остолоп.

Грешен тем,

       что, враг холопства,

сам я малость был холоп.

Грешен тем,

       что драться думал

за хорошего царя.

Нет царей хороших,

          дурень...

Стенька,

     гибнешь ты зазря!"

И сквозь рыла,

     ряшки,

         хари

целовальников,

     менял,

словно блики среди хмари,

Стенька

    ЛИЦА

      увидал.

Стоит все терпеть бесслезно,

быть на дыбе, колесе,

если рано или поздно

прорастают

    ЛИЦА

      грозно

у безликих на лице...

И спокойно

     (не зазря он, видно, жил)

Стенька голову на плаху положил,

подбородок в край изрубленный упер

и затылком приказал:

45

"Strike, ax..."
The head started rolling,
                    burning in its blood,
and hoarsely the head spoke:
                    "Not for nothing..."
From the blood-wet place of execution,
there,
          where the poor were,
the head threw looks about
                    like anonymous letters...
Bustling,
          the poor trembling priest ran up,
wanting to close Stenka's eyelids.
But straining,
                frightful as a beast,
the pupils pushed away his hand.
On the tsar's head,
                chilled by those devilish eyes,
the Cap of Monomakh, began to tremble,
and, savagely,
                not hiding anything of his triumph,
Stenka's head
                burst out laughing
                        at the tsar!
1964

*Translated by Tina Tupikina-Glaessner,
Geoffrey Dutton, and Igor Mezhakoff-Koryakin (Revised)*

**Dmitri Shostakovich's vocal symphonic poem by
the same title is based on the text of this poem.*

                    "Давай, топор..."
Покатилась голова,
                    в крови горя,
прохрипела голова:
                    "Не зазря..."
А от крови и чуба тяжела,
голова еще ворочалась,
                    жила.
С места Лобного подмоклого
туда,
        где голытьба,
взгляды
        письмами подметными
швыряла голова...
Суетясь, дрожащий попик подлетел,
веки Стенькины закрыть он хотел.
Но, напружившись,
                    по-зверьи страшны,
оттолкнули его руку зрачки.
На царе
        от этих чертовых глаз
зябко
        шапка Мономаха затряслась,
и жестоко,
        не скрывая торжества,
над царем
        захохотала
                    голова!..

1964

PROCESSION WITH THE MADONNA

To Ludovico Corrao

In the small, untroubled town of Taormina
a grave procession passed with its Madonna.
Smoke from the candles rose and came to nothing,
as frail as any moment's brief enigma.

There in forefront, all attired in white,
the young girls walked, holding their candles tightly.
Flushed with a timid rapture, on they came,
full of themselves and of the world's delight.

And the girls stared at the candles in their hands,
and in those flames, unstable in the wind,
they saw stupendous meetings, deep communions,
and heard endearments past all understanding.

Oh, it was right that the young girls should be hopeful.
The hour of their deception was not ripe.
But there behind them, like their fates impending,
the women marched along with weary step.

Attired in black, the women marched along,
and they too held their candles tightly, strongly,
heavily shuffling, grave and undeceived,
and full of an accustomed sense of wrong.

And the women stared at the candles in their hands,
and in those flames, unstable in the wind,
they saw the scrawny shoulders of their children
and heard the vacant speeches of their husbands.

Thus, street by street, they all went on together,
declaring that the Madonna was their mother,
and bearing the Madonna like some strange
victim who stands erect upon her stretcher.

ПРОЦЕССИЯ С МАДОННОЙ

Людовико Коррао

В городишке тихом Таормина
стройно шла процессия с Мадонной.
Дым свечей всходил и таял мирно,
невесомый, словно тайна мига.

Впереди шли девочки — все в белом —
и держали свечи крепко-крепко.
Шли они с восторгом оробелым,
полные собой и миром целым.

И глядели девочки на свечи
и в неверном пламени дрожащем
видели загадочные встречи,
слышали заманчивые речи.

Девочкам надеяться пристало.
Время обмануться не настало,
но, как будто их судьба, за ними
позади шли женщины устало.

Позади шли женщины — все в черном —
и держали свечи тоже крепко.
Шли тяжелым шагом удрученным,
полные обманом уличенным.

И глядели женщины на свечи
и в неверном пламени дрожащем
видели детей худые плечи,
слышали мужей тупые речи.

Шли все вместе, улицы минуя,
матерью Мадонну именуя,
и несли Мадонну на носилках,
будтто бы стоячую больную.

The Madonna's heart, or so it appeared, was pained
both for the girls and for the women behind them;
and yet — or so it appeared — she had decreed
that life go on like this, world without end.

I walked beside the Madonna, and my glance
found in the candles no glad radiance,
no weary sorrow, but a muddled vision
full of sweet hope and bitterness at once.

And so I live — still dreaming, still unmarried,
and yet already doomed forevermore —
somewhere between the girls in their white dresses
and the gray women in their black attire.

1965

Translated by Richard Wilbur with Anthony Kahn

И Мадонна, видимо, болела
равно и за девочек, и женщин,
но Мадонна, видимо, велела,
чтобы был такой порядок вечен.

Я смотрел, идя с Мадонной рядом,
ни светло, ни горестно на свечи,
а каким-то двуединым взглядом,
полным и недеждою, и ядом.

Так вот и живу — необрученным
и уже навеки обреченным
где-то между девочками в белом
и седыми женщинами в черном.

1965

DWARF BIRCHES

We are dwarf birches.
We sit firmly, like splinters,
under the nails of frosts

and the Kingdom of Eternal Freeze
engages in many shenanigans
to bend us down lower and lower.
Are you astonished, Parisian chestnuts?

Are you pained, haughty palms,
that we seem to have fallen low?
Are you embittered, pacesetters of fashion,
that we are all such Quasimodos?

While safe and warm, though,
you are pleased with our courage,
and you send us, pompous and mournful,
your moral support.

You figure, dear colleagues of ours,
that we are not trees but cripples.
Yet our leaves — though ugly —
seem progressive to you, for the frost.

Thanks a million. Alone, if you please,
we shall weather it under the sky,
even if savagely bent and twisted.
Without your moral support.

Of course, you command more freedom.
But, for all that, our roots are more strong.
Of course, we don't dwell in Paris,
but we are valued more in the tundra.

КАРЛИКОВЫЕ БЕРЕЗЫ

Мы — карликовые березы.
Мы крепко сидим, как занозы,
у вас под ногтями, морозы.

И вечномерзлотное ханство
идет на различные хамства,
чтоб нас попригнуть еще ниже...
Вам странно, каштаны в Париже?

Вам больно, надменные пальмы,
как вроде бы низко мы пали?
Вам грустно, блюстители моды,
какие мы все квазимоды?

В тепле вам приятна, однако,
гражданская наша отвага,
и шлете вы, скорбно и важно,
поддержку моральную вашу.

Вы мыслите, наши коллеги,
что мы не деревья — калеки,
но зелень — пускай некрасива —
среди мезлоты прогрессивна.

Спасибочко. Как-нибудь сами
мы выстоим под небесами,
когда нас корежит по-зверски,
без вашей моральной поддержки.

Конечно, вы нас повольнее.
Зато мы корнями сильнее.
Конечно же, мы не в Париже,
но в тундре нас ценят повыше.

We are dwarf birches.
We have cleverly made up our poses.
But all this is largely pretense.
Constraint bears the form of rebellion.

We believe, bent down forever,
eternal frost can't last.
Its horror will yield.
Our right to stand upright will come.

Should the climate change, won't
our branches at once grow
into shapes that are free?
Yet we're now used to being maimed.

And this worries and worries us,
and the frost twists and twists us,
but we dig in, like splinters,
we — dwarf birches!

1966

Translated by Vera Dunham

Мы — карликовые березы.
Мы хитро придумали позы,
но все это — только притворство.
Прижатость — есть вид непокорства.

Мы верим, сгибаясь увечно,
что вечномерзлотность — не вечна,
что эту паскудину стронет,
и вырвем мы право на стройность.

Но если изменится климат,
то вдруг наши ветви не примут
иных очертаний — свободных?
Ведь мы же привыкли — в уродах.

И это нас мучит и мучит,
а холод нас крючит и крючит,
но крепко сидим, — как занозы,
мы — карликовые березы!

1966

YELABUGA NAIL

Do you remember, geranium Yelabuga,
that city girl, who, as she wept
an eternity ago, smoked long and hard
your corrosive home-grown tobacco?

Prayerful and wounded, she begged God
that they would give her laundry to wash.
You will allow me, Marina Ivanovna,
to stand a while there, where you lived.

A granny opened the rickety wicket-gate
"It's agony gittin' old — don'no how come.
They keep a comin' and a comin,' jus' wear me out.
House should be sold, but nobody'll buy it.

"I remember — she was strict, big-boned.
Not one to be doin' laundry.
Had trouble rollin' her own.
I rolled 'em. Didn't do the rope."

Dank entrance hall. No windows. A place
where hemp felt right at home,
where afterward from the chilling Kama
I chanced to wet my lips from a bucket.

A nail, and not a hook.
                    Square, heavy duty —
for harnesses, for fishing gear.
It's too low here
                to decide to hang yourself.
Just strangle yourself — it's easier.

And the old woman, who had survived half-starved,
said to me, as though to an important guest:
"What should I do with this here nail?
Everyone stares and touches.
Maybe you could take the nail with you?"

ЕЛАБУЖСКИЙ ГВОЗДЬ

Помнишь, гераневая Елабуга,
ту городскую, что вечность назад
долго курила, курила, как плакала,
твой разъедающий самосад?

Бога просила молитвенно, раненно,
чтобы ей дали белье постирать.
Вы мне позвольте, Марина Ивановна,
там, где вы жили, чуть-чуть постоять.

Бабка открыла калитку зыбучую:
"Пытка под старость — незнамо за что,
Ходят и ходют — ну прямо замучили.
Дом бы продать, да не купит никто.

Помню — была она строгая, крупная.
Не подходила ей стирка белья.
Не получалось у ней с самокрутками.
Я их крутила. Веревку — не я".

Сирые сени. Слепые. Те самые,
где оказалась пенька хороша,
где напослед леденящею Камою
губы смочить привелось из ковша.

Гвоздь, а не крюк.
                    Он граненый, увесистый —
для хомутов, для рыбацких снастей.
Слишком здесь низко,
                    чтоб взять и повеситься.
Вот удавиться — оно попростей.

Ну, а старуха, что выжила впроголодь,
мне говорит, словно важный я гость:
"Как мне с гвоздем-то?
                    Все смотрют и трогают.
Может, возьмете себе этот гвоздь?"

Granny, I beg of you, as a kindness —
just don't ask that again.
"But why did she suicide herself?
You're a scholar aren't you. You understand better."

Granny, the hall and room terrify me.
I could weep on your shoulder.
In this world there's only killing, remember.
There's no suicide at all.

1966

Translated by Albert C. Todd

Бабушка, я вас прошу, как о милости, —
только не спрашивайте опять:
"А отчего она самоубилась-то?
Вы ведь ученый. Вам легче понять".

Бабушка, страшно мне в сенцах и комнате.
Мне бы поплакать на вашем плече.
Есть лишь убийства на свете, запомните.
Самоубийств не бывает вообще.

1967

AN ATTEMPT AT BLASPHEMY

Turning to the eternal magnet
in the pitch-dark night of my soul
I whisper my only prayer:
"O Lord, forgive me, help me."

And the Lord forgives and helps,
however helplessly he shrugs
at man's prolonged ingratitude
for his many mercies.

Clearly his people frighten God.
Call him by any name you choose —
Jehovah, Buddha, Allah —
he's one, and tired of being God.

If he could dematerialize,
or shrink in scale to a pocket idol,
he'd gladly slip away and hide
from our slobber in a private corner.

But it's not right for him to hide,
or stoop, like an African slave.
God also wants to believe in god,
but there's no god in the world for God.

And when, neglectful of our obligations,
we stick him with rotten little petitions,
to whom shall he address his prayer:
"O Lord, forgive me, help me"?

1967

Translated by Stanley Kunitz
with Anthony Kahn

ПОПЫТКА БОГОХУЛЬСТВА

Обращаясь к вечному магниту
в час, когда в душе моей ни зги,
я всегда шепчу одну молитву:
"Господи, прости и помоги!.."

И Господь прощает, помогает,
разводя руками оттого,
что людское племя помыкает
милостями столькими его.

Видно, Бог на нас глядит со страхом.
Как бы его кто ни называл —
Иеговой, Буддой и Аллахом, —
он один и Богом быть устал.

Будь он даже некая бестелость
или портативный идолок,
как от попрошаек бы хотелось
спрятаться в укромный уголок.

Только ему прятаться негоже,
и, согбенный, будто в рабстве негр,
хочет Бог поверить в Бога тоже,
но для Бога в мире Бога нет.

И когда мы с просьбишками липнем,
забывая отдавать долги,
некому шептать ему молитву:
"Господи, прости и помоги!.."

1967

NEW YORK ELEGY

To S. Mitman

At night, in New York's Central Park,
chilled to the bone and belonging to no one,
I talked quietly with America:
both of us were weary of speeches.

I talked with my footsteps —
unlike words, they do not lie —
and I was answered with circles
dead leaves uttered, falling onto a pond.

Snow was falling, sliding embarrassed
past bars where noisiness never ceases,
settling tinted on the swollen neon veins
on the city's sleepless brow;
on the incessant smile of a candidate
who was trying, not without difficulty, to get in
somewhere, I don't remember just where,
and to the snow it didn't matter where.

But in the park it fell undisturbed:
the snowflakes descended cautiously
onto the softly sinking leaves,
soggy multicolored floats;
onto a pink and tremulous balloon
childishly fastened with chewing gum
to the trunk of an evergreen
and sleepily rubbing its cheek against the sky;
onto someone's forgotten glove;
onto the zoo, which had shown its guests out;
onto the bench with its wistful legend:
"Place for Lost Children."

НЬЮ-ЙОРКСКАЯ ЭЛЕГИЯ

С. Митман

В центральном парке города Нью-Йорка
среди ночей, продрогнувший, ничей,
я говорил с Америкой негромко —
мы оба с ней устали от речей.

Я говорил с Америкой шагами.
Усталые шаги земле не врут,
и отвечала мне она кругами
от мертвых листьев, падающих в пруд.

Шел снег... Себя он чувствовал неловко
вдоль баров, продолжающих гульбу,
садясь на жилы вспухшие неона
у города бессонного на лбу.
на добрую улыбку кандидата,
пытавшегося влезть не без труда,
куда не помню — помню, что куда-то, —
но снегу было все равно куда.

А в парке здесь он падал бестревожно,
и, как на разноцветные плоты,
снежики опускались осторожно
на тонущие медленно листы,
на шар воздушный, розовый и зыбкий,
о звезды сонно трущийся щекой,
прилепленный жевательной резинкой
к стволу сосны ребяческой рукой,
на чью-то позабытую перчатку,
на зоосад, спровадивший гостей,
и на скамейку с надписью печальной:
"Здесь место для потерянных детей".

Dogs licked the snow in a puzzled way,
and squirrels with eyes like lost beads
flickered between cast-iron baskets,
amid trees lost in the woods of themselves.
Great juttings of granite stood about
morosely, preserving in mineral calm
a silent question, a reproach —
lost children of former mountains.

Behind a wire fence, zebras munching hay
peered, at a loss, into a striped darkness.
Seals, poking their noses from the pool,
caught snow in mid flight on their whiskers;
they gazed around them, quizzical, confused,
forsaken children of Mother Ocean
taking pity, in their slippery style,
on people — lost children of the earth.

I walked alone. Now and then, in the thicket,
the crimson firefly of a cigarette
floated before an unseen face —
the staring pupil of night's wide eye.

And I felt some stranger's feeling of being lost
was searching embarrassed
for a feeling of being lost like my own,
not knowing that this was what I longed for.

At night, beneath this snowfall,
its whispered secret having made us one,
America and I sat down together
in the place for lost children.

1967

Translated by John Updike with Albert C. Todd

Собаки снег потерянно лизали.
Мерцали белки у чугунных ваз
среди дерев, потерянных лесами,
потерянными бусинками глаз.

Храня в себе угрюмо и сокрыто
безмолвно вопрошающий укор,
лежали глыбы грузные гранита —
потерянные дети бывших гор.
Жевали зебры за решеткой сено,
потерянно уставясь в темноту.
Моржи, вздымая морды из бассейна,
ловили снег усами на лету.

Моржи смотрели горько и туманно,
по-своему жалея, как могли,
потерянные дети океана,
людей — детей потерянных земли.

Я брел один, и лишь вдали за чащей,
как будто ночи пристальный зрачок,
перед лицом невидимо парящий
плыл сигареты красный светлячок.

И чудилось — искала виновато,
не зная, что об этом я молю,
потерянность неведомая чья-то
потерянность похожую мою.

И под бесшумным белым снегопадом,
объединявшим тайною своей,
Америка со мной садилась рядом
на место для потерянных детей.

1967

CEMETERY OF WHALES

To V. Naumov

A cemetery of whales:
      in a snowy graveyard
instead of crosses
      their own bones stand.
They couldn't be gnawed by teeth;
      teeth are too soft.
They couldn't be used for soup;
      pots are too shallow.
The straining wind bends them,
      but they keep their position,
rooted in ice,
      arching like black rainbows.
Thirsty for a snort,
      and Eskimo hunchback,
shaped like a question mark,
      huddles in them as in parentheses.
Who playfully clicked a camera?
      Restrain your photophilia.
Let's leave the whales in peace,
      if only after death.
They lived, these whales,
      without offense to people,
in infantile simplicity,
      reveling in their own fountains,
while the crimson ball of the sun
      danced in a torrent of rays...
Thar she blows!
      Come on, lads, let's get'em!
Where can we hide?
      But you're broader than space!
The world doesn't hold enough water
      for you to dive under.
You think you're God?
      A risky bit of impudence.

КЛАДБИЩЕ КИТОВ

В. Наумову

На кладбище китов
          на снеговом погосте
стоят взамен крестов
          их собственные кости.
Они не по зубам —
          все зубы мягковаты.
Они не по супам —
          кастрюли мелковаты.
Их вьюга, тужась, гнет,
          но держатся — порядок! —
вколоченные в лед,
          как дуги черных радуг,
Горабтый эскимос,
          тоскующий по стопке,
как будто бы вопрос,
          в них заключен, как в скобки.
Кто резко щелкнул там?
          Ваш фотопыл умерьте!
Дадим покой китам
          хотя бы после смерти.
А жили те киты,
          людей не обижая,
от детской простоты
          фонтаны обожая.
И солнца красный шар
          плясал на струях белых...
"Киты по борту! Жарь!
          Давай, ребята, бей их!"
Спастись куда-нибудь?
          Но ты — пространства шире.
И под воду нырнуть —
          воды не хватит в мире.
Ты думаешь, ты бог?
          Рисковая нескромность.

One harpoon, smack in the flank,
           rewards enormity.
Enormity commands everyone
           to hunt for it.
Whoever is big is stupid.
           Who's smaller is wiser.
Sardines, like vermicelli,
           are an impossible target,
lost in the generic —
           but greatness is helpless.
On board, binoculars tremble
           as the crew takes aim;
streaming harpoon in his side,
           huge Tolstoy runs from the Zeiss.
A baby cetacean, not full-fledged,
           though certainly a whale,
Yesenin flutters and kicks,
           hoisted high on a harpoon shaft.
The title of "whale" is a bloody dignity.
           Greatness kills greatness.
Mayakovsky himself
           pounds in the lance.
The shallows are also a menace:
           dashed on the shoals by the chase,
Gorky hawks and disgorges
           fragments of steel and hickory.
With out even moaning,
           gliding along the path of blood,
Pasternak with a snatch of lime
           sinks into Lethe.
Hemingway is silent;
           but from his grave a threatening shaft
shoots out of the grass,
           growing up from the coffin.
And hidden behind the mob,
           murder in his eye,
the Dallas whaler
           with a telescopic sight.
A big drive is on;
           we cherish their names posthumously.

68

Гарпун получишь в бок
                         расплатой за огромность.
Огромность всем велит
                      охотиться за нею.
Тот дурень, кто велик.
                       Кто мельче — тот умнее.
Плотва, как вермишель.
                       Среди ее безличья
дразнящая мишень —
                      беспомощность величья!
Бинокли на борту
                  в руках дрожат, нацелясь,
и с гарпуном в боку
                    Толстой бежит от "цейсов".
Китеныш, а не кит,
                   но словно кит оценен,
гарпунным тросом взвит,
                        качается Есенин.
Кровав китовый сан.
                    Величье убивает.
И Маяковский сам
                 гарпун в себя вбивает.
Величью мель страшна.
                      На камни брошен гонкой,
обломки гарпуна
                выхаркивает Горький.
Почти не простонав,
                    по крови, как по следу,
уходит Пастернак
                 с обрывком троса — в Лету.
Хемингуэй молчит,
                  но над могилой грозно
гарпун в траве торчит,
                       проросший ввысь из гроба.
И, скрытый за толпой,
                      кровавым занят делом,
далласский китобой
                    с оптическим прицелом.
...Идет большой загон,
                       а после смерти — ласка.

69

Your law is more honest,
        cruel Alaska.
In the cemetery of whales
        by the hummocks of ice
there are no sanctimonious flowers:
        the Eskimos have tact.
Hey, Eskimo hunchback,
        white men have a funny custom:
after planting the harpoon,
        they weep over the corpse.
Murderers mourn like maidens,
        and tearfully suck tranquilizers,
and parade in crepe,
        and stand honor guard.
The professional hunters,
        who would look out of place,
send wreaths to the whales
        from the State Bureau of Harpoonery.
But the flowers are twisted together
        with steel cables and barbs.
Enough of such goodness!
        Let me live among Eskimos!

1967

Translated by John Updike with Albert C. Todd

Честнее твой закон,
                    жестокая Аляска.
На кладбище китов
                у ледяных торосов
нет ханжеских цветов —
                    есть такт у эскимосов.
Эх, эскимос-горбун, —
                у белых свой обычай:
сперва всадив гарпун,
                    поплакать над добычей.
Скорбят смиренней дев,
                сосут в слезах пилюли
убийцы, креп надев,
                    в почетном карауле.
И промысловики,
                которым здесь не место,
несут китам венки
                    от Главгарпунотреста.
Но скручены цветы
                стальным гарпунным тросом.
Довольно доброты!
                    Пустите к эскимосам!

1967

RUSSIAN TANKS IN PRAGUE

Tanks are rolling across Prague
in the sunset blood of dawn.
Tanks are rolling across truth,
not a newspaper named *Pravda*.*

Tanks are rolling across the temptation
to live free from the power of cliches.
Tanks are rolling across the soldiers
who sit inside those tanks.

My God, how vile this is,
God, what degradation!
Tanks across Jan Hus,
Pushkin, and Petofi.

Tanks are rolling across crypts,
across those not yet born.
Rosaries of bureaucracy's paper clips
mutate into tank tracks.

You trampled on conscience and honor.
Like a fat-bellied monster,
fear, armored by loutishness,
rides in tank bodies across Prague.

Could I be an enemy to Russia?
Didn't I, as a happy kid,
once rub my snotty nose
on other tanks that defended my motherland?

How can I live as before,
if, like a carpenter's plane,
tanks roll across the hope
that they defend my motherland?

ТАНКИ ИДУТ ПО ПРАГЕ

Танки идут по Праге
в закатной крови рассвета.
Танки идут по правде,
которая не газета.

Танки идут по соблазнам
жить не во власти штампов.
Танки идут по солдатам,
сидящим внутри этих танков.

Боже мой, как это гнусно!
Боже — какое паденье!
Танки — по Яну Гусу,
Пушкину и Петефи.

Совесть и честь вы попрали.
Чудищем едет брюхастым
В танках — футлярах по Праге
страх, бронированный хамством.

Танки идут по склепам,
по тем, кто еще не родились.
Четки чиновничьих скрепок
в гусеницы превратились.

Разве я враг России?
Разве не я счастливым
в танки другие, родные
тыкался носом сопливым?

Чем же мне жить, как прежде,
если, как будто рубанки,
танки идут по надежде,
что это — родные танки?

Before I bite the dust,
no matter what they call me,
I turn to my descendants
with only one request:

Above me without sobbing
let them write, in truth:
"A Russian writer crushed
by Russian tanks in Prague."

23 August 1968

Translated by Albert C. Todd

**Pravda in Russian means "truth" and
in earlier historical usage it meant
"justice" or "truth as justice." As the name
of the ideologically tedious and censorship-
controlled Communist Party's official
newspaper it has long been the butt
of sarcastic humor.*

Прежде, чем я подохну,
как — мне неважно — прозван,
я обращаюсь к потомку
только с единственной просьбой.

Пусть надо мной — без рыданий —
просто напишут, по правде:
«Русский писатель. Раздавлен
русскими танками в Праге».

23 августа 1968

MONOLOGUE
OF AFTER–TOMORROW'S MAN

Adam and Eve were not party–members
and all humanity this remembers.
A non–party Noah invented the ark,
and a non–party globe was born in the dark.

The devil with his repulsive leer
and his bad taste put parties here.
Politics settled inside the apple
a worm and serpent — the Devil's couple,
devouring fruit to it's very core,
leaving people wormier than before.

Politics engendered police,
and weapons, wrapped in speeches of peace.
Class–war from a butt in the streets was lit
and people into parties were stupidly split.

But where is the party of our tears,
of widows' pain and children's fears?
But where is the party of the ash's red eye,
of Gulag, Auschwitz and Mi Lai?

Someday our great–grandchildren will see
a borderless, bastardless world will be,
where all the parties forever are gone,
collapsing like ancient Babylon...

Written in 1968
First published in Russia in 1990

Translation by Albert C. Todd with the author

МОНОЛОГ
ПОСЛЕЗАВТРАШНЕГО
ЧЕЛОВЕКА

Адам и Ева были беспартийные,
ковчег придумал беспартийный Ной.
Все партии с ухмылочкой противною
чорт выдумал — у чорта вкус дурной.

И, может, в сердцевине самой яблока,
как червь засела, — червь и змей притом, —
политика — профессия от дьявола,
и люди зачервивели потом.

Политика придумала полицию,
политика придумала вождей,
сочла живую душу единицею
и рассекла на партии людей.

Где партия вдовы, калеки, странника,
где партия ребенка и семьи?
Где грань меж Магаданом и Майданеком
и между Освенцимом и Сонгми?

Когда-нибудь, когда-нибудь, когда-нибудь
праправнукам сегодняшних времен
все партии припомнятся, как давнее,
как несусветный дикий Вавилон.

И будет мир, где нет калек на паперти,
и нет у власти нравственных калек,
и в нем одна-единственная партия —
ее простое имя — человек.

1972

"I would like..."

I would like
          to be born
                    in every country,
have a passport
          for them all
to throw
          all foreign offices
                    into panic,
be every fish
          in every ocean
and every dog
          in the streets of the world.
I don't want to bow down
                    before any idols
or play at being
                    an Orthodox church hippie,
but I would like to plunge
                    deep into Lake Baikal
and surface snorting
          somewhere,
                    why not in the Mississippi?
In my damned beloved universe I would like
to be a lonely weed,
                    but not a delicate Narcissus
kissing his own mug
                    in the mirror.
I would like to be
          any of God's creatures
right down to the last mangy hyena —
but never a tyrant
                    or even the cat of a tyrant.
I would like to be
                    reincarnated as a man
                              in any image:
a victim of prison tortures,
a homeless child in the slums of Hong Kong,

78

"Я хотел бы..."

Я хотел бы
      родиться
          во всех странах,
быть всепаспортным
         к панике бедного МИДа,
всеми рыбами быть
         во всех океанах
и собаками всеми
        на улицах мира.
Не хочу я склоняться
        ни перед какими богами,
не хочу я играть
       в православного хиппи,
но хотел бы нырнуть
       глубоко-глубоко на Байкале,
ну а вынырнуть,
      фыркая,
        на Миссисипи.
Я хотел бы
      в моей ненаглядной проклятой
          вселенной
быть репейником сирым —
        не то что холеным левкоем,
божьей тварью любой,
       хоть последней паршивой гиеной,
Но тираном — ни в коем
       и кошкой тирана —
         ни в коем.
И хотел бы я быть
      человеком
        в любой ипостаси:
хоть под пыткой в тюрьме гватемальской,
       хоть бездомным в трущобах
           Гонконга,
хоть скелетом живым в Бангладеше,
       хоть нищим юродивым в Лхасе,

a living skeleton in Bangladesh,
a holy beggar in Tibet,
a black in Cape Town,
but never
     in the image of Rambo.
The only people whom I hate
        are the hypocrites —
pickled hyenas
     in heavy syrup
I would like to lie
   under the knives of all the surgeons in the world,
be hunchbacked, blind,
       suffer all kinds of diseases,
         wounds and scars,
be a victim of war,
       or a sweeper of cigarette butts,
just so a filthy microbe of superiority
        doesn't creep inside.
I would not like to be in the elite,
nor, of course,
     in the cowardly herd,
nor be a guard dog of that herd,
nor a shepherd,
     sheltered by that herd.
And I would like happiness,
      but not at the expense of the unhappy,
and I would like freedom,
      but not at the expense of the unfree.
I would like to love
    all the women in the world,
and I would like to be a woman, too —
       just once...
Men have been diminished
     by Mother Nature.
Why couldn't you give motherhood
       to men?
If an innocent child
    stirred
      below his heart,
man would probably
    not be so cruel.

хоть в Кейптауне негром,

                    но не в ипостаси подонка.

Я хотел бы лежать

               под ножами всех в мире хирургов,

быть горбатым, слепым,

                 испытать все болезни, все раны, уродства,

быть обрубком войны,

                     подбирателем грязных окурков —

лишь бы внутрь не пролез

                 подловатый микроб превосходства.

Не в элите хотел бы я быть,

                 но, конечно, не в стаде трусливых,

не в овчарках при стаде,

               не в пастырях,

                        стаду угодных,

и хотел бы я счастья,

                но лишь не за счет несчастливых,

и хотел бы свободы,

                но лишь не за счет несвободных.

Я хотел бы любить

             всех на свете женщин,

и хотел бы я женщиной быть —

                   хоть однажды...

Мать-природа,

        мужчина тобой приуменьшен.

Почему материнства

        мужчине не дашь ты?

Если б торкнулось в нем,

           там, под сердцем,

                 дитя беспричинно,

то, наверно, жесток

            так бы не был мужчина.

Всенасущным хотел бы я быть —

         ну, хоть чашкою риса

             в руках у вьетнамки наплаканной,

хоть головкою лука

             в тюремной бурде на Гаити,

хоть дешевым вином

             в траттории рабочей неапольской

и хоть крошечным тюбиком сыра

                на лунной орбите:

I would like to be man's daily bread —
say,
    a cup of rice
        for a Vietnamese woman in mourning,
cheap wine
     in a Neapolitan workers' trattoria,
or a tiny tube of cheese
        in orbit round the moon.
Let them eat me,
      let them drink me,
I would like to belong to all times,
        shock all history so much
that it would be amazed
      what a smart aleck I was.
I would like to bring Nefertiti
      to Pushkin in a troika.
I would like to increase
     the space of a moment
        a hundredfold,
so that in the same moment
    I could drink vodka with fishermen in Siberia
and sit together with Homer,
      Dante,
        Shakespeare,
          and Tolstoy
drinking anything,
     except, of course,
      Coca-Cola,
— dance to the tom-toms in the Congo,
— strike at Renault,
— chase a ball with Brazilian boys
      at Copacabana Beach.
I would like to know every language,
     like the secret waters under the earth,
and do all kinds of work at once.
      I would make sure
that one Yevtushenko was merely a poet,
    the second — an underground fighter
       somewhere,
I couldn't say where
    for security reasons,

82

пусть бы съели меня,
                        пусть бы выпили —
лишь бы польза была
                        в моей гибели.
Я хотел бы всевременным быть,
                        всю историю так огорошив,
чтоб она обалдела,
                        как я с ней нахальствую:
распилить пугачевскую клетку
                        в Россию проникшим Гаврошем,
привезти Нефертити
                        на пущинской тройке в Михайловское.
Я хотел бы раз в сто
                        увеличить пространство мгновенья:
чтобы в тот же момент
                        я на Лене пил спирт с рыбаками,
целовался в Бейруте,
                        плясал под тамтамы в Гвинее,
бастовал на "Рено",
                        мяч гонял с пацанами на Копокабане.
Всеязыким хотел бы я быть,
                        словно тайные воды под почвой.
Всепрофессийным сразу.
                        И я бы добился,
чтоб один Евтушенко был просто поэт,
                        а второй — был испанский подпольщик,
третий — в Беркли студент,
                        а четвертый — чеканщик тбилисский.
Ну а пятый —
                        учитель среди эскимосских детей на Аляске,
а шестой —
                        молодой президент,
                        где-то, скажем, хоть в Сьерра-Леоне,
а седьмой —
                        еще только бы тряс погремушкой в коляске,
а десятый...
                        а сотый...
                        а миллионный...
Быть собою мне мало —
                        быть всеми мне дайте!
                        Всех в мире запутаю!

the third — a student at Berkeley,
>   the fourth — a jolly Georgian drinker,
and the fifth —
>   maybe a teacher of Eskimo children in Alaska,
the sixth —
>   a young president,
>   somewhere, say, even in Sierra Leone,
the seventh —
>   would still be shaking a rattle in his stroller,
and the tenth...
>   the hundredth...
>   the millionth...
For me it's not enough to be myself,
>   let me be everyone!
I shall be in a thousand copies to the end of my days,
so that the earth buzzes with me,
>   and computers go berserk
in the world census of me.
I would like to fight on all your barricades,
>   humanity,
dying each night
>   like an exhausted moon,
and resurrecting each morning
>   like a newborn sun,
with an immortal soft spot — fontanelle —
>   on my head.
And when I die,
>   a rebellious Siberian Francois Villon,
do not lay me in the earth
>   of France
>   or Italy,
but in our Russian, Siberian earth,
>   on a still-green hill,
where I first felt
>   that I was
>   everyone.

1972-1978

Translated by the author

Буду тысячелик
                до последнего самого дня,
чтоб гудела земля от меня,
                        чтоб рехнулись компьютеры
на всемирной переписи меня.
Я хотел бы на всех баррикадах твоих,
                        человечество,
                                драться,
к Пиренеям прижаться,
                        Сахарой насквозь пропылиться
и принять в себя веру
                людского великого братства,
а лицом своим сделать —
                всего человечества лица.
И когда я умру —
                нашумевшим сибирским Вийоном, —
положите меня
                не в английскую,
                        не в итальянскую землю —
в нашу русскую землю
                на тихом холме,
                        на зеленом,
где впервые
        себя
                я почувствовал
                        всеми.

1972

LAMENT FOR A BROTHER

To V. Shchukin

With blood still dripping from its
               warm and sticky beak,
its neck dangling over a bucket's edge,
a goose lies rocking in a boat,
          like an ingot
of slightly tarnished silver.
There had been two of them flying above the river Vilyui.
The first had been brought down in flight
              while the other,
gliding low,
       risking his neck,
hovers over the boat,
          cries over the forest:
"My dove-gray brother,
           we came into the world
clamorously breaking through our shells,
but every morning
        Mother and Father
fed you first,
       when it might have been me.
My dove-gray brother,
         you had this blue tinge,
teasing the sky with a bold similarity.
I was darker,
      and the females desired
you more,
     when it might have been me.
My dove-gray brother,
        without fear for the return,
you and I flew away, over the seas,
but obnoxious geese from other lands surrounded
you first,
     when it might have been me.

86

ПЛАЧ ПО БРАТУ

В.Щукину

С кровью из клюва,
                 тепел и липок,
шеей мотая по краю ведра,
в лодке качается гусь,
               будто слиток
чуть черноватого серебра.
Двое летели они вдоль Вилюя.
Первый уложен был влет,
               а другой,
низко летя,
           головою рискуя,
кружит над лодкой,
                кричит над тайгой:
"Сизый мой брат,
            появились мы в мире,
громко свою скорлупу проломя,
но по утрам
        тебя первым кормили
мать и отец,
        а могли бы — меня.
Сизый мой брат,
         ты был чуточку синий,
небо похожестью дерзкой дразня.
Я был темней,
        и любили гусыни
больше — тебя,
        а могли бы — меня.
Сизый мой брат,
        возвращаться не труся,
мы улетели с тобой за моря,
но обступали заморские гуси
первым — тебя,
        а могли бы — меня.

My dove-gray brother,
>   we were beaten and bowed.
Together we were lashed by the tempests,
but for some reason the water slid
more easily off *your* goose's back
>   when it might have been mine.
My dove-gray brother,
>   we frayed out feathers.
People will eat both of us by the fireside—
perhaps because
>   the struggle to be first
devoured you,
>   consumed me.
My dove-gray brother,
>   half our lives was a pecking match,
not treasuring our brotherhood, our wings, and our souls.
Was reliance really impossible—
I on you,
>   and you on me?
My dove-gray brother,
>   I beg at least for a pellet,
curbing my envy too late;
but for my punishment people killed
you first,
>   when it might have been me..."

1974

Translated by Arthur Boyars and Simon Franklin

Сизый мой брат,

               мы и биты, и гнуты,

вместе нас ливни хлестали хлестьмя,

только сходила вода почему-то

легче с тебя,

           а могла бы — с меня.

Сизый мой брат,

              истрепали мы перья.

Люди съедят нас двоих у огня

не потому ль,

          что стремленье быть первым

ело тебя,

        пожирало меня?

Сизый мой брат,

           мы клевались полжизни,

братства, и крыльев, и душ не ценя.

Разве нельзя было нам положиться:

мне — на тебя,

          а тебе — на меня?

Сизый мой брат,

         я прошу хоть дробины,

зависть мою запоздало кляня,

но в наказанье мне люди убили

первым — тебя, а могли бы —

               меня..."

1974

METAMORPHOSES

Childhood is the village of Rosycheekly,
Little Silly, Clamberingoverham,
Leapfrogmorton, going toward Cruelidge,
through Unmaliciousness and Clearvisiondon. *

Youth is the village of Hopeworth,
Expansiongrove, Seducehall,
and, well, if it's a bit like Foolmouth,
all the same it is Promising.

Maturity is the village of Divideways,
either Involvementhaven or Hidewell,
either Cowardsbridge or Bravewater,
either Crookedwood or Justfield.

Old age is the village of Tiredhead,
Understandmore, Little Reproach,
Forgetfast, Overgrownend,
and, God keep us from it, Lonelybury.

1974

Translated by Arthur Boyars and Simon Franklin

*For the unusual names of Russian villages in
the original the translators found authentic
English historical villages, or invented some of
their names.*

МЕТАМОРФОЗЫ

Детство — это село Краснощеково,
Несмышленово, Всеизлазово,
Скок-Поскоково, чуть Жестоково.
но Беззлобнино, но Чистоглазово.

Юность — это село Надеждино,
Нараспашкино, Обольщаньино,
ну а если немножко Невеждино, -
все равно оно Обещаньино.

Зрелость — это село Разделово:
либо Схваткино, либо Пряткино,
либо Трусово, либо Смелово,
либо Кривдино, либо Правдино.

Старость — это село Усталово,
Понимаево, Неупреково,
Забывалово, Зарасталово
и — не дай нам Бог — Одиноково.

1974

DISBELIEF IN YOURSELF IS INDISPENSABLE

While you're alive it's shameful to put yourself into
                                        the Calendar of Saints.
Disbelief in yourself is more saintly.
It takes real talent not to dread being terrified
by your own agonizing lack of talent.

Disbelief in yourself is indispensable,
indispensable to us is the loneliness
                                of being gripped in the vise,
so that in the darkest night the sky will enter you
and skin your temples with the stars,
so that streetcars will crash into the room,
wheels cutting across your face,
so the dangling rope, terrible and alive,
will float into the room and dance invitingly in the air.

Indispensable is any mangy ghost
in tattered, over-played, stage rags,
and if even the ghosts are capricious,
I swear, no more capricious, than those who are alive.

Indispensable amid babbling boredom
are the deadly fear of uttering the right words,
and the fear of shaving, because across your cheekbone
graveyard grass already grows.

It is indispensable to be sleeplessly delirious,
to fail, to leap into emptiness.
Probably, only in despair is it possible
to speak all the truth to this age.

It is indispensable, after throwing out dirty drafts,
to explode yourself and crawl before ridicule,
to reassemble your shattered hands
from fingers that rolled under the dresser.

НЕВЕРИЕ В СЕБЯ НЕОБХОДИМО

Да разве святость — влезть при жизни
                                    в святцы?
В себя не верить — все-таки святей.
Талантлив, кто не трусит ужасаться
мучительной бездарности своей.

Неверие в себя необходимо,
необходимы нам тиски тоски,
чтоб темной ночью небо к нам входило
и обдирало звездами виски,
чтоб вваливались в комнату трамваи,
колесами проехав по лицу,
чтобы веревка, страшная, живая,
в окно влетев, плясала на лету.

Необходим любой паршивый призрак
в лохмотьях напрокатных игровых,
а если даже призраки капризны, —
ей-богу, не капризнее живых.

Необходим среди болтливой скуки
смертельный страх произносить слова,
и страх побриться — будто бы сквозь скулы
уже растет могильная трава.

Необходимо бредить неулежно,
проваливаться, прыгать в пустоту.
Наверно, лишь отчаявшись, возможно
с эпохой говорить начистоту.

Необходимо, бросив закорюки,
взорвать себя и ползать при смешках,
вновь собирая собственные руки
из пальцев, закатившихся под шкаф.

Indispensable is the cowardice to be cruel
and the observation of the small mercies,
when a step toward falsely high goals
makes the trampled stars squeal out.

It's indispensable, with a misfit's hunger,
to gnaw a verb right down to the bone.
Only one who is by nature from the naked poor,
is neither naked no poor before fastidious eternity.

And if from out of the dirt,
              you have become a prince,
                            but without principles,
unprince yourself and consider
how much less dirt there was before,
when you were in the real, pure dirt.

Our self-esteem is such baseness...
The Creator raises to the heights
only those who, even with tiny movements,
tremble with the fear of uncertainty.

Better to cut open your veins with a can opener,
to lie like a wino on a spit-spattered bench in the park,
than to come to that very comfortable belief
in your own special significance.

Blessed is the madcap artist,
who smashes his sculpture with relish,
hungry and cold — but free
from degrading belief in himself.

1985

Translated by Albert C. Todd

Необходима трусость быть жестоким
и соблюденье маленьких пощад,
когда при шаге к целям лжевысоким
раздавленные звезды запищат.

Необходимо с голодом изгоя
до косточек обгладывать глагол.
Лишь тот, кто по характеру — из голи,
перед брезгливой вечностью не гол.

А если ты из грязи да и в князи,
раскняжь себя и сам сообрази,
насколько раньше меньше было грязи,
когда ты в настоящей был грязи.

Какая низость — самоуваженье...
Создатель поднимает до высот
лишь тех, кого при крошечном движеньи
ознобом неуверенность трясет.

Уж лучше вскрыть ножом консервным вены,
лечь забулдыгой в сквере на скамью,
чем докатиться до комфорта веры
в особую значительность свою.

Благословен художник сумасбродный,
свою скульптуру с маху раздробя,
голодный и холодный, — но свободный
от веры унизительной в себя.

1985

"It's too early to say my last word..."

It's too early to say my last word —
                              I speak almost at the end,
like a half-vanished ancestor
                    dragging my body between two eras.
I am
      an accidental scrap, an apple core of this century
                              that left no leftovers.
History choked on me, gnawed on me,
                              but didn't swallow me.
Almost at the end:
I am
      a cracked but exact
                    living death mask of wartime evacuation,
and to be recognized,
                    I need no name tag.
In a blizzard I was sculpted
            by the rusty hands of the Trans-Siberian —
                    the scraping buffers of train cars.
Almost at the end:
In pants rough as the devil's hide
                              I walked like a son of hell.
Each pant leg thundered in the frost
                              like a frozen drainpipe,
and the "Devil's hide" grew on my own
                              and wouldn't pull off,
and in fights saved my backbone,
                    fragile but unbreakable.
Almost at the end:
Once I cried
            in the shadow of spattered, roadside branches,
leaning my head
                  on the red and yellow "No Thruway" sign,
and everything that they tried to squeeze down my throat,
                    at their gluttonous banquets,
I puked from my guts,
                    turning them
                              inside out.

"Последнее слово мне рано..."

Последнее слово мне рано еще говорить —
                                        говорю я почти напоследок,
как полуисчезнувший предок,
                                        таща в междувременьи тело.
Я —
        не оставлявшей объедков эпохи
                                        случайный огрызок, объедок.
История мной поперхнулась,
                                меня не догрызла, не съела.
Почти напоследок:
я —
        эвакуации точный и прочный безжалостный слепок,
и чтобы узнать меня,
                                вовсе не надобно бирки.
Я слеплен в пурге
                        буферами вагонных срежещущих сцепок,
как будто ладонями ржавыми Транссибирки.
Почти напоследок:
я в "чертовой коже" ходил,
                                будто ада наследник.
Штанина любая гремела при стуже
                                промерзлой трубой водосточной,
и "чертова кожа" к моей приросла,
                                        и не слезла,
и в драках спасала
                        хребет позвоночный,
                                                бессрочный.
Почти напоследок:
однажды я плакал
                        в тени пришоссейных замызганных веток,
прижавшись башкою
                        к запретному, красивому с прожелтью знаку,
и все, что пихали в меня
                                на демьяновых чьих-то банкетах,
меня
        выворачивавло
                        наизнанку.

Almost at the end:
History danced on me many times
                    in muddy boots and ballet slippers.
I was not on the stage,
      I was the stage in the blood of my epoch,
                    in the vomit of this age,
and everything in my life,
        which seemed to you not my blood,
                  but just the thirst for fame,
I do not doubt
        someday you'll call heroic deeds.
Almost at the end:
I am just the ragtag voice of all the voiceless,
            I am just a faint trace of all the traceless.
I am the half-scattered ashes
            of somebody's unknown novel.
In your respectable entrance halls
          I am the ambassador of all dead-end streets.
I am a ghost of barracks and plank beds,
        bedbugs,
           lice,
              flea markets,
                  and thieves' dens.
Almost at the end:
Half my life I searched hopelessly with a bent fork
           for even a hint of meat in canteen cutlets.
Once, when not even ten,
      I screamed a mother oath in front of my horrified aunt.
I will come
      to my successors,
             with their polite suggestion:
"Let's go, buddy!"
Almost at the end:
I am the same age to all ages.
I am the countryman to all countries
                even to faraway galaxies.
Like an Indian in the rusty handcuffs of Columbus,
           before my death I shall rasp out:
"Fuku!"
      to those falsely immortal tyrants.
Almost at the end:

Почти напоследок:
эпоха на мне поплясала

от грязных сапог до балеток.
Я был не на сцене —

был сценой в крови эпохальной

и рвоте,
и то, что казалось не кровью, —

а жаждой подмостков,

подсветок, —
я не сомневаюсь —

когда-нибудь подвигом вы назовете.
Почти напоследок:
я — сорванный глас всех безгласных,

я — слабенький след всех бесследных,
я — полуразвеянный пепел

сожженного кем-то романа.
В испуганных чинных передних

я — всех подворотен посредник,
исчадие нар,

вошебойки,

барака,

толкучки,

шалмана.
Почти напоследок:
я, мяса полжизни искавший погнутою вилкой

в столовских котлетах,
в неполные десять

ругнувшийся матом при тете,
к потомкам приду,

словно в лермонтовских эполетах,
в следах от ладоней чужих

с милицейски учтивым "пройдемте!".
Почти напоследок:
я — всем временам однолеток,
земляк всем землянам

и даже галактианам.
Я,

словно индеец в Колумбовых ржавых браслетах,
"Фуку!" — прохриплю перед смертью

поддельно бессмертным тиранам.
Почти напоследок:

A poet today,
        like a coin of Peter the Great,
                has become really rare.
He even frightens his neighbors on the globe.
But I'll find understanding with my successors
                one way or another.
Almost candid.
        Almost dying.
            Almost at the end.

1983-1985

Translated by Antonina W. Bouis and Albert C. Todd

поэт,
          как монета петровская,
                              сделался редок.
Он даже пугает
          соседей по шару земному,
                              соседок.
Но договорюсь я с потомками —
                    так или эдак —
почти откровенно.
          Почти умирая.
                    Почти напоследок.

1963-1985

TO INCOMPREHENSIBLE POETS

I always envy
all those
     who write incomprehensibly,
whose verse, like half a stain,
half a cloud, half-smoke and half-ice,
are half of something and half of nothing.
I adored the Formalists,
my eyes popped out with rapture,
but, a coward, I always avoided
charming abracadabras
        and gibberish.
I went all out like a warrior
        in the fight
with common sense,
but with secret horror I never found inside myself
even a little drop of craziness.
I was deeply ashamed.
        Sometimes it takes hard labor
to look crazy.
I worked at craziness with honest sweat,
but the only reward for my soggy efforts,
was life turned into a madhouse.
My plastic ivory tower I transformed
into a tower of sarcastic tortures.
But somehow I underplayed it
and failed to invent anything as immortal
as three famous words:
        "dyr, bul, shchyl."*

Oh, you incomprehensible poets!
You are the only subject
        of my greenest, but cleanest, envy.
My guilt is in my simplicity.
My crime is my clarity.

НЕПОНЯТНЫМ ПОЭТАМ

Я так завидовал всегда
всем тем,
            что пишут непонятно,
и чьи стихи,
            как полупятна
из полудыма-полульда.
Я формалистов обожал,
глаза восторженно таращил,
а сам трусливо избежал
абракадабр
            и тарабарщин.
Я лез из кожи вон
            в борьбе
со здравым смыслом, как воитель,
но сумасшедшинки в себе
я с тайным ужасом не видел.
Мне было стыдно.
            Я с трудом
над сумасшедшинкою бился.
Единственно,
            чего добился, —
вся жизнь —
            как сумасшедший дом.
И я себя, как пыткой, мучил —
ну в чем же я недоборщил
и ничего не отчубучил
такого,
            словно: "дыр... бул... шир..."?

О, непонятные поэты!
Единственнейшие предметы
белейшей зависти моей...
Я —
            из понятнейших червей.

I am the most comprehensible of worms.
No restraint frightens you.
No one has bridled you with clear ideas.
And someone's petty
                    "I don't get it"
for you is sweeter than a virgin's kiss.
Creators of abracadabras,
beyond today's fleeting moment,
you live with overabundant faith
                              that someday
you'll be understood by others.
Happy creatures!
All the same it is frightening
to be understood like me, in the wrong way,
all of my life to write comprehensibly
and depart so hopelessly uncomprehended.

1985

Translated by Albert C. Todd with the author

**"dyr, bul, shchyl": Alexei Eliseevich Kruchionikh
(1886-1968), Russian Poet and theoretician of
Futurism, became celebrated partly because he
invented those three meaningless words in a poem
of that name, "Dyr, bul, shchyl."*

Ничья узда вам не страшна,
вас в мысль никто не засупонил,
и чье-то:
   "Ничего не понял..." —
вам слаще мирра и вина.
Творцы блаженных непонятиц,
поверх сегодняшних минут
живите,
   верой наполняясь,
что вас когда-нибудь поймут.
Счастливцы!
   Страшно, между тем,
быть понятым, но так превратно,
всю жизнь писать совсем понятно,
уйдя непонятым совсем...

1985

ALDAN GIRL

Aldan* girl, well-done girl,
look at me, who am I?
A guest? A thief from the wildest west,
so ragged is my vest?
I just try to do my best.

In her hand, a hunter's gun.
Watch your step, you hooligan!
She checked me out—I am a guest.
Yet in her eyes, still one request.

She scraped the moss with her boots
as she was trying to find my roots.
She's as graceful as a sable.
Not to love her, I'm quite unable.

From woodcock feathers she'd made a fan.
Come my lovely, we'll have some fun.
Senorita from Siberia
sitting softly on the porch,
brushing off those courting mosquitoes,
tasting blood as though hot borscht.

And her mosquito net mantilla
trembles cautiously on guard.
Though I am silent and boyish,
and old Siberian bard.

I construct with clumsy fingers
a hand-rolled butt from last year's *News*.
I joke with words though I am trying
to share with her my wordless views:

"I've almost reached the end, my dear,
all addresses I forgot.
I've returned to the shadow of your eyelashes
from Buenos Aires, oh my God!

106

АЛДАНОЧКА

Долгожданочка-алданочка
смотрит:
                    гость или жиган!
На плече ее —
                    берданочка,
где в любом стволе —
                    жакан.
В том, что гость,
                    удостоверилась,
колупнула мох носком,
и не то чтобы доверилась,
а примерилась глазком.
У нее повадка соболя.
Зорко села на крыльцо
и под веер приспособила
глухариное крыло.
И во всех движеньях мягонькая,
синьорита трех дворов
смотрит искоса, отмахивая
камарилью комаров.
И мантилья накомарника
чуть дрожит настороже,
ну а я молчу,
                    как маленький,
хоть и старенький уже.
Трудно строю самокруточку —
я на это не мастак.
Говорю словами шуточку,
а без слов примерно так:
"Я почти уже пропал.
Растерял я адреса.
На заимку я попал
из Буэнос-Айреса.
Тот, кто сжег два дома, — тот
рад и шалашу.
Третий дом сгорит вот-вот,
а я не гашу.

One, who's burned two family houses
is happy now in just a tent.
My third's inflamed in tears and collapsing.
To save it now, I don't attempt.

I'm not one of those tit grabbers,
not one of those liars, but
don't open your door, which squeaks so softly,
else I'll burn out your blameless hut.

Who am I, what kind of creature?
A full disaster looking for cuddles?
I didn't fall from a pink cloud.
I am out of pits and puddles.

I am a walking fallen tree. I tease
the other, lying fallen trees.
I'm tasty to some men's wives
and to some men's friendly knives.

I'm from those special hoboes,
I'm hoboing inside myself,
in my own bird cage encaged.
And my guts are my bed shelf.

So many sucking swamps inside me.
So many uncuttable jungles.
But something blue and defenseless
flowers, whispers, bangles.

All my life — such a mess, my honey.
All I've done — a false kind of bliss.
But I'm made from forget-me-nots.
I can't forget a single kiss!

Please believe me, the crier-liar,
I destroyed everything — it is done.
But I've never unloved anybody.
I will never unlove anyone.

Не охальник я ничуть,
но в избу свою
не пускайте прикорнуть —
и ее спалю.
Я забыл, кто я таков.
Я — сплошной изьян.
Я отнюдь не с облаков,
а, скорей, из ям.
Я в тайге среди коряг,
лакомый ножу,
из особенных бродяг —
сам в себе брожу.
И такие там болота,
непроруб,
                непроворот,
но голубенькое что-то
потихонечку цветет.
Столько в жизни назапутал,
все, что делал, — все не то,
а я весь — из незабудок.
Не могу забыть ничто.
Все порушил, все разбил,
но поверьте мне, вралю:
никого не разлюбил,
никого не разлюблю.
Осыпается сараночка,
как ее ни размахровь!
Не в любви любовь, алданочка,
есть еще неразлюбовь.
Вы так молоды сейчас
и прекрасны до поры,
и, за вами волочась,
вас вкушают комары.
Я немножко староват,
но у этого крыльца
разрешите постоять
возле вашего лица".

1986

Even wildflowers are dying,
I am wild, but to die is not clever,
love is not only love, it's something.
Love is also unloving never!

You are so beautiful now,
Aldan girl, well-done girl, in your blue.
Like a queen's train behind you gliding,
the mosquitoes with pleasure taste you.

I am a little bit old for you, sweetie.
I'll not find any grace in disgrace.
But allow me just to stand a moment
as close as possible to your face."

1986

Translated by Albert C. Todd with the author

**Aldan: the Aldan River is a major tributary
to the great Lena River in Eastern Siberia.*

"Even if you are swimming alone..."

Even if you are swimming alone
you are not really alone.
Inside your veins endlessly swim
broken fragments of smells,
pieces of almost forgotten feelings,
smithereens of somebody's words,
scraps of soundless sounds.
Even if you are swimming alone,
the water is swimming with you as well,
caressing and blessing your tired body.
Even if you are swimming alone
the fallen leaves swim with you,
and the fallen angels swim with you,
trying to wash their sins
from their wet heavy wings.
Even if you are swimming alone
all your loves are swimming with you,
There are ex-husbands, and ex-wives,
but there are no ex-loves.
Even if you are swimming alone
you could be a dragon-fly
on the foamy crest of the wave.
Even if you are swimming alone
you could be a double cloud,
which swims in two different skies-
one above, one below.
Even a lonely cloud cannot swim alone.
And what is reflection?
An instinctive creation of our twin.

1998

Written in English

GOD GRANT

God grant eyes be returned to the blind
and hunchbacks straighten their spines.
God grant us to be like God at least a tiny bit,
but it's impossible to be a tiny bit crucified.

God grant us not to get mucked up in power
and not to play the hero falsely,
and to be rich, but not to steal, —
if that's possible, of course.

God grant us to be an old hand,
not devoured by anyone's gang,
neither victim nor executioner,
neither lord nor beggar.

God grant fewer lacerated wounds
when a major fight is on.
God grant more different lands,
but without losing one's own.

God grant that your own country
not kick you like a boot.
God grant that your wife
love you even when you're poor.

God grant liars close their mouths,
hearing the divine voice in a child's cry.
God grant Christ be found alive
if not in man's face — then in woman's.

Not a cross — it's crosslessness we carry,
but we bend so miserably.
So that we won't lose faith in everything,
God grant, well, a little bit of God!

ДАЙ БОГ

Дай Бог слепцам глаза вернуть
и спины выпрямить горбатым.
Дай Бог быть Богом хоть чуть-чуть —
но быть нельзя чуть-чуть распятым.

Дай Бог не вляпаться во власть
и не геройствовать подложно,
и быть богатым — но не красть,
конечно, если так возможно.

Дай Бог быть тертым калачом,
не сожранным ничьею шайкой,
ни жертвой быть, ни палачом,
ни барином, ни попрошайкой.

Дай Бог поменьше рваных ран,
когда идет большая драка.
Дай Бог побольше разных стран,
не потеряв своей, однако.

Дай Бог, чтобы твоя страна
тебя не пнула сапожищем.
Дай Бог, чтобы твоя жена
тебя любила — даже нищим.

Дай Бог лжецам замкнуть уста,
глас Божий слыша в детском крике.
Дай Бог в живых узреть Христа, —
пусть не в мужском, так в женском лике.

Не крест — безверье мы несем,
а как сгибаемся убого.
Чтоб не извериться во всем,
дай Бог ну хоть немного Бога!

God grant all and everything
and to everyone at once, so none will be offended...
God grant everything, but only that
for which afterwards we won't be ashamed.

1990

Translated by Albert C. Todd

Дай Бог всего, всего, всего,
и сразу всем — чтоб не обидно...
Дай Бог всего, но лишь того,
за что потом не станет стыдно.

1990

LOSS

Russia has lost
        Russia
            in Russia.
Russia searches for itself,
            like a cut finger in the snow,
like a needle in a haystack,
like an old blind woman
             madly stretching her hands in fog
searching with hopeless incantation
               for her lost milk cow.
We burned up our icons.
            We didn't believe in own great books.
We fight only with alien grievances.
Is it true
      that we didn't survive under our own yoke,
becoming for ourselves
           worse than all foreign enemies?
Is it true
      that we are doomed to live
           only in the silk nightgown of dreams,
eaten by flattering—chattering moths?
or in numbered prison robes?
Is it true that epilepsy
          is our national character?
or convulsions of pride?
          or convulsions of self—humiliation?
Ancient rebellions against new copper kopeks,
against such foreign fruits
        as potatoes —
now only a harmless dream.
Today rebellion swamps the entire Kremlin,
           like a mortal tide.
Is it true that we Russians
        have only one unhappy choice —
The ghost of Tsar Ivan the Terrible?
          Or the ghost of Tsar Chaos?

ПОТЕРЯ

Потеряла Россия
   в России
     Россию.
Она ищет себя,
    как иголку в стогу,
как слепая старуха,
      бессмысленно руки раскинув,
с причитаньями ищет
      буренку свою на лугу.
Мы сжигали иконы свои.
      Мы не верили собственным книгам.
Мы умели сражаться
     лишь с пришлой бедой,
Неужели не выжили мы
      лишь под собственным игом,
сами став для себя
     хуже, чем чужеземной ордой?
Неужели нам жить суждено —
    то в маниловском,
       молью побитом халате,
то в тулупчике заячьем драном
       с плеча Пугача?
Неужели припадочность это и есть наш характер —
то припадки гордыни,
     то самооплева —
       и все сгоряча?
Медный бунт, соляной и картофельный —
      это, как сон безопасный.
Бунт сплошной —
   вот что Кремль сотрясает сегодня,
        как будто прибой.
Неужели единственный русский наш выбор злосчастный
это — или опричнина,
    или разбой?
Самозванство сплошное.
    Сплошные вокруг атаманы.

So many impostors.
                Such imposterity.
Everyone is a leader,
                but no one leads.
We are confused as to which banners and slogans to carry.
And there is such fog in our heads
                that everyone is wrong
and everyone is guilty
                in everything.
We have already walked enough
                in such fog,
in blood up to our knees.
Lord, we've been punished enough.
Forgive us,
           pity us.
Is it true that we no longer
                exist?
Or are we not yet born?
We are birthing now.
But it's so painful
              to be born again.

1991

Translated by James Ragan with the author

Мы запутались —

                        чьи имена и знамена несем,

и такие туманы в башках на Руси,

                                   растуманы,

что неправы все сразу,

                         и все виноваты во всем.

Мы в туманах таких

                     по колено в крови набродились.

Хватит, Боже, наказывать нас.

                       Ты нас лучше прости,

                                 пожалей.

Неужели мы вымерли?

                     Или еще не родились?

Мы рождаемся снова,

                 а снова рождаться — еще тяжелей.

31 марта 1991

GOODBYE OUR RED FLAG

Goodbye our Red Flag.
You slipped down from the Kremlin roof
                              not so proudly
                                    not so adroitly
as you climbed many years ago
                        on the destroyed Reichstag
smoking like Hitler's last fag.
Goodbye our Red Flag.
You were our brother and our enemy.
You were a soldier's comrade in trenches,
                    you were the hope of all captive Europe,
but like a red curtain you concealed behind you
                                    the Gulag
stuffed with frozen dead bodies.
Why did you do it,
              our Red Flag?
Goodbye our Red Flag.
                  Lie down.
                        Take a rest.
We will remember all the victims
deceived by your Red sweet murmur
that lured millions like sheep
                    to the slaughterhouse.
But we will remember you
                because you too were
                            no less deceived.
Goodbye our Red Flag.
                  Were you just a romantic rag?
You are bloodied
            and with our blood we strip you
                              from our souls.
That's why we can't scratch out
                        the tears from our red eyes,
because you so wildly
                slapped our pupils
                        with your heavy golden tassels.

120

ПРОЩАЙ, НАШ КРАСНЫЙ ФЛАГ

Прощай, наш красный флаг...
    С Кремля ты сполз не так,
как поднимался ты —
    пробито,
     гордо,
      ловко
под наше "так-растак"
    на тлеющий рейхстаг,
хотя шла и тогда
    вокруг древка мухлевка.
Прощай, наш красный флаг...
    Ты был нам брат и враг.
Ты был дружком в окопе,
    надеждой всей Европе,
но красной ширмой ты
    загородил Гулаг
и стольких бедолаг
    в тюремной драной робе.
Прощай, наш красный флаг...
    Ты отдохни,
     приляг,
а мы помянем всех,
    кто из могил не встанут.
Обманутых ты вел
    на бойню,
     на помол
но и тебя помянут —
    ты был и сам обманут.
Прощай, наш красный флаг...
    Ты не принес нам благ.
Ты с кровью, и тебя
    мы с кровью отдираем.
Вот почему сейчас
    не выдрать слез из глаз —
так зверски по зрачкам
    хлестнул ты алым краем.

Goodbye our Red Flag.
                              Our first step to freedom
we stupidly took
                    over your wounded silk,
and over ourselves,
                              divided by envy and hatred.
Hey crowd,
              do not trample again in the mud
the already cracked glasses
                              of Doctor Zhivago.
Goodbye our Red Flag.
                              Pry open the fist
that imprisoned you
                              trying to wave you in Civil War,
when scoundrels try to grab
                              your standard again,
or just desperate people,
                              lining up for hope.
Goodbye our Red Flag.
You float into our dreams.
Now you are just
                    a narrow red stripe
                              in our Russian Tricolor.
In the innocent hands of whiteness,
in the innocent hands of blue
maybe even your red color
                              can be washed free of blood.
Goodbye our Red Flag.
                              Be careful, our Tricolor.
Watch out for the card sharks of flags
              lest they twist you around their fingers.
Could it be that you too
                              will have the same death sentence
                                        as your red brother,
to be shot by foreign and our own bullets,
devouring like lead moths
                              your silk?

Прощай, наш красный флаг...
                    К свободе первый шаг
мы сделали в сердцах
                    по собственному флагу,
и по самим себе,
                    озлобленным в борьбе.
Не растоптать бы вновь
                    очкарика "Живагу".
Прощай, наш красный флаг...
                    Сам разожми кулак,
сжимающий тебя,
                    грозя братоубийством,
когда в древко твое
                    вцепляется жулье
или голодный люд,
                    запутанный витийством.
Прощай, наш красный флаг...
                    Ты отплываешь в сны,
оставшись полосой
                    в российском триколоре.
в руках у белизны,
                    а с ней голубизны,
быть может, красный цвет
                    отмоется от крови.
Прощай, наш красный флаг...
                    С наивных детских лет
играли в "красных" мы
                    и "белых" больно били.
Мы родились в стране,
                    которой больше нет,
но в Атлантиде той
                    мы были,
                          мы любили.
Лежит наш красный флаг
                    в Измайлове врастяг.
За доллары его
                    толкают наудачу.

123

Goodbye our Red Flag.
In our naive childhood
                    we played Red Army — White Army.
We were born in a country
                    that no longer exists.
But in that Atlantis we were alive,
                              we were loved.
You, our Red Flag, lay in a puddle
                         in a flea market.
Some hustlers sell you
                    for hard currency:
                              Dollars, Francs, Yen.
I didn't take the Tsar's Winter Palace.
                    I didn't storm Hitler's Reichstag.
I am not what you call a "Commie."
But I caress the Red Flag
                    and cry.

1992

Translated by Albert C. Todd with the author

Я Зимнего не брал.

            Не штурмовал рейхстаг.

Я — не из "коммуняк".

            Но глажу флаг и плачу…

1992

THERE ARE NO YEARS

To S. Harris

Hold your fears:
there are no years.
That is what grasshoppers chirp in reply
to our fears of aging.
And they drink dew
and get a little tipsy
hanging on stems
with little diamonds
on the tips of their tiny, snotty noses.
And each of them is a little green poet.

Hold your fears:
there are no years.
This is what a handful of planets
jingle like a handful of coins
in a cosmic pocket, full of holes.
This is what all endangered streetcars,
out—living their time,
roar with dusty tears,
roar with rusty gears:
"There are no years."

This is what a child's twig
is writing in the sand.
This is what a woman's lonely wig
whispers, longing for a tender hand.
This is what a tiny vein,
full of pain,
like a blue spring
throbs and wants to sing
on the transparent temple of my love,
while for her runaway fingers
longs her fallen glove.
Love again disappears and appears...
There are no years...

НЕТ ЛЕТ

С. Харрис

"Нет
        лет..." —
вот что кузнечики стрекочут нам в ответ
на наши страхи постаренья
и пьют росу до исступленья,
вися на стеблях на весу
с алмазинками на носу,
и каждый —
                крохотный зелененький поэт.
"Нет
        лет..." —
вот что звенит,
                как будто пригоршня монет,
в кармане космоса дырявом горсть планет,
вот что гремят, не унывая,
все недобитые трамваи,
вот что ребячий прутик пишет на песке,
вот что, как синяя пружиночка,
смеясь, настукивает жилочка
у засыпающей любимой на виске.
Нет
        лет...
Мы все,
                впадая сдуру в стадность,
себе придумываем старость,
но что за жизнь,
                когда она — самозапрет?
Копни любого старика
и в нем найдешь озорника,
а женщины немолодые —
все это —
                девочки седые,
их седина чиста, как яблоневый цвет.
Нет
        лет...

We lock ourselves in our old age
like in a rusty cage.
But scratch any old man
and you will find an impetuous child
inside him playing hide—and—seek.
Scratch any old woman —
all of them are just
gray—haired girls.
To suspect they are old
is not right,
is just impolite.
Their gray hair is pure and light
as apple tree blossom.
Hold your fears —
there are no years!
Do not split us into generations.
Someone who is old, but young,
straddles time.
Right foot —
          in the past.
Left foot —
          in the future.
Something between them — in the present.
Someone who is old, but young,
plows the body of the beloved
like a peasant...
Isn't it pleasant?

Hold your fears:
There are no years —
this is the advice
of all green grasshoppers!

There is some not bad news!
Another life exists with charming views.
But what I want is a hundred lives
          in just one.
And, probably, it is already done?
I am not asleep
 with my unshaven, but not enough
          kissed cheeks,

Есть только чудные и страшные мгновенья.
Не надо нас делить на поколенья.
Всепоколенийность —
                    вот гениев секрет.
Уронен Пушкиным дуэльный пистолет,
а дым из дула смерть не выдула
и Пушкина не выдала,
не разрешив ни умереть,
                    ни постареть.
Нет
        лет...
А как нам быть,
                    негениальным,
но все-таки многострадальным,
чтобы из шкафа,
                    неодет,
грозя оскалом тривиальным,
с угрюмым грохотом обвальным
не выпал собственный скелет?
Любить —
            быть вечным во мгновении.
Все те, кто любят, —
                    это гении.
Нет
        лет
для всех Ромео и Джульетт.
Есть
        весть
и не плохая,
                а благая,
что существует жизнь другая,
а я смеюсь,
                предполагая,
что сотня жизней не в другой,
                    а в этой есть,
и можно сотни раз расцвесть
                    и вновь расцвесть.
Нет
        лет...
Не сплю,
            хотя уже давно погас в квартире свет,

and only an old chair
             creaks and creaks:
"Hold your fears —
             there are no years."

1993

Translated by the author with Nick Shaeffer

и лишь наскрипывает дряхлый табурет:
"Нет
    лет...
        нет
           лет..."

28 июля 1992

PRE–MORNING

To my dear friends Robin and Geoff

I love it when pale stars are smoldering
but you could blow them out with the breath of a child,
and the world on tiptoes enters into morning,
into morning which does not yet exist.

I love the coming of morning much more than morning,
when, tickled by golden mosquitoes,
pines, pierced by sunrays,
are trying to kiss the hem of the sky.

I love it in the forest while I'm jogging
under the voices of half–awakened birds
to see how on the lilac caps of newborn mushrooms
newborn dew is trembling.

It's awkward to be happy in the presence of others.
There is a cunning custom to hide your happiness,
but let me be happy in pre–morning,
because after the real morning
all unhappiness will wake up.

I'm happy that my life is in between legends and gossip,
but anyway it's not myth it's a risky impudent legend.
I'm happy that God gave me neither jealousy nor hatred,
that I am not stuck in the mud and not trampled into dust.

I am happy that sometime I will be the ancestor
of my grandsons, who were not born in a cage.
I am happy that I was betrayed and slandered
because they roar only at the alive and not at the dead.

I am happy with the love of friends and women.
Their faces are icons under my skin.
I am happy that I was church–wed with a Russian girl,
who deserved to close my eyes.

ПРЕДУТРО

Моим дорогим друзьям — Робин и Джеффу

Люблю, когда звездочки все еще тлеют,
но можно их детским дыханьем задуть,
а мир постепенно утреет, утреет,
хотя не мудреет при этом ничуть.

Я больше, чем утро, люблю поутренье,
когда, мошкару золотую меся,
лучами пронизанные деревья
на цыпочках приподнимаются.

Люблю, когда в соснах во время пробежки
под полупроснувшихся птиц голоса
на шляпке сиреневой у сыроежки
по краешку вздрагивает роса.

Быть как-то неловко счастливым прилюдно.
Привычка скрывать свое счастье хитра,
но дайте счастливым побыть хоть под утро,
хотя все несчастья начнутся с утра.

Я счастлив, что жизнь моя вроде бы небыль,
а все же веселая дерзкая быль,
что Бог мне ни злобы, ни зависти не дал,
что в грязь я не влип и не втоптан был в пыль.

Я счастлив, что буду когда-нибудь предком
уже не по клеткам рожденных внучат.
Я счастлив, что был оклеветан и предан —
ведь лишь на живых, а не мертвых рычат.

Я счастлив любовью товарищей, женщин.
Их образы — это мои образа.
Я счастлив, что с девочкой русской обвенчан,
достойной того, чтоб закрыть мне глаза.

To love Russia is the unhappiest happiness.
I am stitched to her with my own veins.
I love Russia, but not her rulers.
I would like to love them but, sorry, I feel nauseous.

I love our globe, green with a blue forehead —
our spinning top with its bleeding childish cheeks.
I also spin easily. I'll die, not from hatred,
but from love just impossible for one heart.

I didn't live an irreproachable life, not always wise,
but you will remember with your unpaid guilt
a boy with eyes full of pre—morning,
pre—morning of a freedom much better than freedom of day.

I am a most imperfect creation,
but choosing my most beloved moment — pre—morning,
God will create again before the birth of day
pines pierced by sunrays,
and myself, pierced by love.

1995

Translated by Geoffrey Dutton with the author

Россию любить — разнесчастное счастье.
К ней жилами собственными пришит.
Россию люблю, а вот все ее власти
хотел бы любить, но — простите — тошнит.

Люблю я зелененький, голуболобый
наш глобус — волчок со щеками в крови.
Я сам заводной. Я умру не от злобы,
а от непосильной для сердца любви.

Я жить не сумел безупречно, премудро,
но вспомните вы с неоплатной виной
мальчишку с глазами, где было предутро
свободы светающей — лучше дневной.

Я — несовершеннейшее творенье,
но, выбрав любимый мой час — поутренье,
Бог вновь сотворит до рождения дня
лучами пронизанные деревья,
любовью пронизанного меня.

1995

I LOVE YOU
MORE THAN NATURE

I love you more than nature,
because you are nature itself.
I love you more than freedom,
because without you freedom is prison.

I love you incautiously,
like an abyss — not a groove.
I love you more than possible,
and more than impossible too.

I love you timelessly, tirelessly
even being drunk, being rude.
I love you more than myself
I love you more than only you.

I love you more than Shakespeare,
more than all bookish wisdom
even more than all music,
because you are music and book.

I love you more than glory of fame, —
even glory of future times.
I love you more than my Motherland,
because my Motherland is you.

Are you unhappy? About what do you complain?
Don't bother God with your prayers and petitions.
I love you more than happiness.
I love you more than love.

1995

Translated by Gay Hoaglund with the author

Я ЛЮБЛЮ ТЕБЯ
БОЛЬШЕ ПРИРОДЫ

Я люблю тебя больше природы,
ибо ты, как природа сама.
Я люблю тебя больше свободы —
без тебя и свобода — тюрьма.

Я люблю тебя неосторожно,
словно пропасть, а не колею.
Я люблю тебя больше, чем можно —
больше, чем невозможно, люблю.

Я люблю безоглядно, бессрочно,
даже пьянствуя, даже грубя,
и уж больше себя — это точно! —
даже больше, чем просто тебя.

Я люблю тебя больше Шекспира,
больше всей на земле красоты, —
даже больше всей музыки мира,
ибо книга и музыка — ты.

Я люблю тебя больше, чем славу,
даже в будущие времена,
чем заржавленную державу,
ибо Родина — ты, не она.

Ты несчастна? Ты просишь участья?
Бога просьбами ты не гневи.
Я люблю тебя больше счастья.
Я люблю тебя больше любви.

1995

ALMOST A KISS

And there wasn't a kiss,
but just almost a kiss,
a long time ago in what had been my youth,
by what had been our sea,
on the night's bluish sand
still warm from the day's sun,
and not even the lips themselves,
but only the outer flesh of the lips
touched one another for an instant,
and a dropped cigarette
with scarcely a woman's bite
flickered, like a fire-fly
by her small tan foot.

And there was almost an embrace,
but, unexpectedly flinching,
my hand suddenly stumbled
upon the damp pit of a cherry,
stuck to her spine,
and it seemed to me
to be a warning from nature
that I don't have the right
to turn into love — and merely that —
something that is stronger than love.

And the best woman in the world —
smoker, clever girl, sometimes silly girl
mother, grandmother, bookworm,
benefactress of widows, of dissidents
and literary nestlings,
my very severe reader
and my very great friend —
avoiding my face with her face
and moving aside with her whole body,
having accepted to make the decision herself,

ПОЧТИ ПОЦЕЛУЙ

И не было поцелуя,
а только почти поцелуй,
давно, в моей юности бывшей,
у бывшего нашего моря,
на теплом от солнца дневного
ночном синеватом песке,
и даже не сами губы,
а лишь на губах шелушинки
друг друга коснулись на миг,
и выроненная папироса
с почти что не женским прикусом
мерцала, как "цицинателла",
у маленьких смуглых ступней.

И было почти объятье,
но, неожиданно вздрогнув,
рука моя вдруг наткнулась
на влажную косточку вишни,
прилипшую к позвонку,
и это мне показалось
предупрежденьем природы,
что я не имею права
в любовь превращать — и только —
то, что сильнее любви.

И лучшая женщина мира —
курильщица, умница, живчик,
мать, бабушка, книгоедка,
кормилица вдов, диссидентов
и литературных птенцов,
мой самый великий читатель
и самый великий мой друг —
лицом от лица уклоняясь
и отодвигаясь всем телом,
решенье приняв на себя,

said to me loudly, but quietly,
said to me harshly, but gently:
"And, you know, it's already late...,"
and these words pushed away
from the outer flesh of her lips to the sand
my late, almost a kiss.

Indeed, it was late.
We knew each other — too much.
We were family friends — too much.
We loved each other too much —
so much, that this
was neither friendship, nor love,
neither feminine, nor masculine,
but something other, that's bigger,
than man or woman,
and bigger than this bigger —
most likely, there is nothing.

Always we spoke politely.
Familiarity with us just simply didn't come out,
and the cherry tree did not grow
out of a pit in the sand.
But something grows out of us —
we all have grown a friend from a friend,
and new generations
nibble their way through us.

I miss you, as life,
and life is missing all of us.
I come to you at your grave,
even when I do not come.
Don't you dream about the Black Sea?
I am still there, on the border
of charming affectionate formality,
and in the old fashion I dig
into the damp beach shore
the bottle of homemade wine,
as if a transparent boundary post
and it smells of wild strawberries,
and life, by chance, great,

сказала мне громко, но тихо,
сказала мне резко, но мягко:
"А, знаете, уже поздно...",
и эти слова столкнули
с ее шелушинок на землю
мой поздний — почти поцелуй.

Действительно, было поздно.
Мы слишком друг друга знали.
Мы слишком дружили домами.
Мы слишком любили друг друга —
настолько слишком, что это
ни дружба была, ни любовь,
ни женская, ни мужская,
а нечто другое, что больше,
чем женщина и мужчина,
а больше этого больше,
наверное, нет ничего.

Всегда мы на "Вы" говорили.
На "ты" у нас так и не вышло,
и так и не выросла вишня
из косточки на песке.
Но что-то из нас вырастает —
мы выросли все друг из друга,
и новые поколенья
проклевываются в нас.

Мне вас не хватает, как жизни,
а жизни нас всех не хватает.
Я к вам прихожу на могилу,
когда и не прихожу.
Вам Черное море не снится?
Я все еще там, на границе
пленительно нежного "Вы",
и вкапываю по старинке,
как столб пограничный прозрачный,
во влажный тот берег пляжный
бутылку с гульрипшским вином,
и пахнет оно земляникой,
и жизнью, случайно великой,

and, maybe, even because,
we had our own secrets,
which weren't by chance,
like the secret of an almost kiss,
and a nameless feeling,
stronger than just love.

July 1, 1996

Translated by Katherine Dalton

а, может быть, и оттого,
что были у нас наши тайны,
которые не случайны,
как тайна почти поцелуя
и безымянного чувства,
сильнее, чем только любовь.

1 июля 1996 Дэльрэй

DID THE APPLE FALL

Did the apple fall to the ground by itself
or was it put there by a winking elf?

Or, perhaps, an angel's wing, tender and clever,
made the apple fall from the branch into clover?

The apple hit the earth on its gentle side
and juice burst from a crack in a fizzing tide.

It begged me: "Quick, pick me up, now's the time."
the seeds inside almost starting to chime.

The apple lay shimmering in the dew.
Not wanting to be like others it knew,
it rested its body and soul in fun
like a tiny planet on a very big one.

With no bad intentions behind is back
a wasp lustfully crept inside the crack.
And with the apple now on a swaying boom,
I brought the wasp-inside-it into my room.

When the wasp flew out of the apple anew
it began singing in voices, and more than a few,
as if it were that golden moment of life's duty
where the sting is inseparable from beauty.

But the more painful the bite of time in haste,
the more eternity is seductive to taste.

1995

Translated by Albert C. Todd and the author

"Само упало яблоко с небес…"

Само упало яблоко с небес,
или в траву его подбросил бес?
А может, ангел сбил крылом с ветвей
или столкнул руладой соловей?

Ударился о землю нежный бок,
и брызнул из него шипящий сок.
Прося меня: "Скорее подбери…" —
чуть зазвенели зернышки внутри.

Светясь, лежало яблоко в росе,
и не хотело быть оно, как все,
и отдыхало телом и душой,
как малая планета на большой.

А в трещину его, ничуть не зла,
оса так вожделеюще вползла,
и, яблоко качая на весу,
с ним вместе внес я в комнату осу.

И, вылетев из яблока, оса
на разные запела голоса,
как будто золотинка жизни той,
где жало неразлучно с красотой.

Но чем больнее времени укус,
тем вечность обольстительней на вкус.

1995

THE EVENING RAINBOW

This evening rainbow, this almost night rainbow
was born unexpectedly,
                already dying.
This rainbow was not full,
                it didn't look as a shaft-bow of harness,
dancing over the foamy main.
It didn't look as a painted yoke,
        swaying buckets over the peasant woman's shoulders.
Between two parting stormy clouds
             and the first glimmering lonely stars
emerged little by little
             this seven-colored teasing piece of something.
This rainbow protruded from the dark cloud,
             pregnant with tomorrow's thunderstorm,
as a broken shaft of the shining sword
                in the shaggy fur of the wild beast.
How wonderful that this rainbow was not full,
             and was born in the darkness —
otherwise I could not understand something
             about myself and the others.
How wonderful that we are mortal-
           otherwise we could not appreciate any gifts —
even our last love —
            completely different,
like this evening rainbow,
            this almost-night rainbow.
God, thank you for the oldness and death.
                We must not damn them.
Our immortality —
        is our recognition of the bitter wisdom of death.
Maybe, death —
             is only one of our beautiful adventures,
like a journey inside this evening rainbow,
             this almost-night rainbow.

June 29 Delray-Asheville
*Translated by Rodney Bowling, Bob Falls,
Meneta Bost, and the author.*

146

ВЕЧЕРНЯЯ РАДУГА

Маше

Эта вечерняя радуга полуночная
вдруг родилась,
          но уже умирать начиная,
радуга эта неполной была —
          не тугою дугою,
не коромыслом цветным —
          совершенно другою.
Между раздвинутых туч
          и забрезживших звезд-одиночек
чуть проступал
          семицветный дразнящий кусочек,
в туче торча,
          притворившейся, видимо, тучей,
словно обломок меча
          у страшилища в шерсти дремучей.
Как хорошо,
          что была эта радуга
          полуночной и неполной —
я бы иначе на свете чего-то не понял.
Как хорошо, что мы смертны,
          а то бы подавно
не оценили бы мы никакого подарка —
даже и позднюю нашу любовь —
          совершенно иную,
будто вечернюю радугу полуночную.
Боже, спасибо за старость и смерть.
          Проклинать их не смейте.
наше бессмерье — в признании
          горькой премудрости смерти.
Может быть, смерть — это только одно
          из прекраснейших приключений,
как путешествие внутрь этой радуги
          неповторимой вечерней.

27-28 июня 1996 Дэльрэй-Ашвиля

THREE FIGURES

Along the icy platform
slippery as a shuttle ship,
walks my beloved with our children.
The children, running beside her,
beg me with their eyes:
"Daddy take us with you..."

Something of a soldier's wife emerged in you.
All partings are like playing hide-and-seek.
What if we can't find each other later on?

In their souls our wives are always ready
silently to become widows,
because those trembling rails
pierce their souls.

Standing almost at the edge of the platform,
three figures grow smaller, melting away.
Three figures — my whole family.
All monuments are trash,
all obelisks are cigarette butts.
What remains? Only three figures:
my homeland at death's door.

1995

Translated by Thomas Bird with the author

ТРИ ФИГУРКИ

По петрозаводскому перрону,
зыбкому, как будто бы парому,
шла моя любимая с детьми.
Дети с ней почти бежали рядом
и меня упрашивали взглядом:
"Папа, ты на поезд нас возьми..."

Что-то в тебе стало от солдатки.
Все разлуки, словно игры в прятки.
Вдруг потом друг друга не найти?
Женщины в душе всегда готовы
молча перейти из жен во вдовы,
потому их так пронзают зовы
железнодорожного пути.

На перроне, став почти у края,
три фигурки уменьшались, тая.
Три фигурки — вся моя семья.
Монументы — мусор, как окурки.

Что осталось? Только три фигурки —
родина предсмертная моя.

1995

SHAKESPEARE'S MONOLOGUE ABOUT MIKHOELS

What difference is it for you
            who was I,
                   Shakespeare —
a man,
    a woman,
        a minor actor,
            a great lord.
It wasn't the royal,
        not the Stalin's box —
for me the cheap gallery of equals was the whole world.
Am I an Englishman?
        Somehow not quite.
My English skin is rotten.
        I have become older,
                 younger.
I am every face,
    every mask,
        every ugly mug.
I am a Russian Hamlet.
        I am a Jewish Lear.
Many actors have played me,
        falsely or repetitious,
sliding like floor polishers
        through the blood stained texts of the plays.
But there were also actors
        who were geniuses.
Through their pores
        came the blood of those slaughtered
so that even the ushers sobbed for more.
And there was a particular actor,
    who never played Shakespeare —
        but lived him, like the Torah,
lived Shakespeare by the will of heaven.

His forehead was lumpy,
        almost callused.

ШЕКСПИР О МИХОЭЛСЕ

*Великий исполнитель роли короля Лира —
актер Еврейского театра Соломон Михо-
элс, раздавленный грузовиком, был найден
13 января 1948 года в Минске. Его убили
по личному указанию Сталина. В 1952
году Михоэлс посмертно был обвинен в
шпионаже.*

Какая разница вам —

     кем был я,

        Шекспир —

мужчина,

   женщина,

      актеришка,

         вельможа.

Не королевская,

      не сталинская ложа —

галерка равных для меня весь мир.

Я — англичанин?

      Что-то непохоже.

Истлела моя аглицкая кожа.

Я всеми стал.

     Я стал древней,

         моложе.

Я — каждое лицо,

      личина,

        рожа.

Я — русский Гамлет.

       Я — еврейский Лир.

Меня играли разные актеры

и допускали фальшь или повторы,

скользя, как по паркету полотеры,

по тексту окровавленному пьес.

Но были и актеры,

      кто матеры.

Кровь убиенных шла у них сквозь поры

A Hamlet-Lear named Mickhoels,
　　　　　　who unfortunately never played Hamlet.
But when my eyes only gazed into him,
　　　　　　I shuddered from foreboding —
even the Jewish folk-dance "Freilekhs"
around him grew into a choral requiem.

He was becoming bald with a thinning fringe
with a flattened almost boxer's nose,
but he was beautiful with the beauty of genius.
The edge of the stage became a mortally dangerous slope,
and with Hamlet-like eternal question
he strode forth to meet the truck wheels..
Like a filthy,
　　　　　　unwieldy hearse stuffed with corpses,
the epoch spared him not,
　　　　　　　　　crushed him.

All executioners,
　　　　　　with their souls from hell,
are a perversion of God's design.

In Russia,
　　　　　　where tyrant replaced tyrant,
the whole earth has become an enormous stage
of a Shakespearean-Russian theater —
but Pushkin is Russia's Shakespeare —
　　　　　　　　　not I.
In Russia all actors are enslaved as serfs,
and she herself —
　　　　　　Shakespearussia
is an actress enslaved in irons.
She is in the role of mother,
　　　　　　　　　now a stepmother.
Those are not boys in her grieving eyes,
　　　　　　　　　but bloodied geniuses.
Why did I become Shakespeare?
　　　　　　Why is everything in the world visible to me
through the puzzle of skulls,
　　　　　　through the dazzle of newspapers?

так, что рыдали даже билетеры,
и был актер особенный,
                        который
Шекспира не играл —
                  им жил, как Торой,
жил по Шекспиру волею небес.
Шишкаст был его лоб,
                  почти мозолист.
Гамлето-Лир по имени Михоэлс,
он Гамлета, к несчастью, не сыграл.
Но лишь глаза мои в него всмотрелись.
я вздрогнул от предчувствий —
                              даже "Фрейлехс"
вокруг него перерастал в хорал.
Он лысенький был,
                  с реденьким начесом,
с приплюснутым,
                  почти боксерским носом,
но красотою гения красив.
Край сцены стал смертельнейшим откосом,
и с гамлетовским внутренним вопросом
он сам шагнул навстречу тем колесам...
Эпоха грязным грузным труповозом
его не пожалела,
                  раздавив.
Любой палач
            с душой, как преисподня,
есть извращенье замысла господня.
В России,
          где тиран сменял тирана,
огромной сценой стала вся земля
шекспировско-российского театра —
но Пушкин —
            вот ее Шекспир —
                              не я.
В России все актеры —
                  крепостные,
да и сама она —
            Шекспироссия —
актриса крепостная в железах.

Who is in power?

> Those of whom we are ashamed.

Those, before whom we are ashamed,

> > are now gone.

To have only yourself in mind-
is the coward prison of the lazy.
God give us courage

> if only to go crazy!

Farewell, Mikhoels...

> From a feast among strangers

only the hangover remains.

> Empty, orphaned,

I depart...

> Mikhoels, there beyond the world

help me to find a clean corner,
I am too old.

> I am broken, like a rapier..

But in a new age

> of a new Shakespeare

I hear the commodore's footsteps draw near...

4-5 January 1997

Translated by Albert Todd

*Solomon Mikhoels was the great Jewish actor
who was killed by a truck in 1948 on the
personal order of Stalin.*

Она-то в роли матери,
          то мачехи.
В глазах скорбящих у нее не мальчики,
а гении кровавые в глазах.
Зачем я стал Шекспир?
                    Зачем все в мире видно
мне сквозь гробы и лбы,
                    сквозь рябь газет?
У власти кто?
               Те, за кого нам стыдно.
Тех, перед кем нам стыдно,
               с нами нет.
Себе быть на уме —
               трусливая тюрьма.
Дай Бог нам смелости,
               чтобы сойти с ума!
Прости, Михоэлс...
               От чужого пира
осталось лишь похмелье...
                    Пусто,
                         сиро...
Я ухожу...
          Михоэлс, — там, вне мира
найти мне чистый угол помоги.
Я слишком стар.
               Я сломан, как рапира.
Но в новом веке
               нового Шекспира
я слышу командорские шаги!

1997

NEW YORK TAXIS

New York is all mankind in the same casserole.
Don't ask New York for mercy,
                              you'll get cooked anyway.
Crawling like yellow turtles,
                              flying like golden bullets,
New York taxis,
                    taxis,
                          taxis.
Skirts scream,
              both mini,
                        and maxi:
"Taxi! Taxi!
Two little dachshunds,
                    two ink spots on a leash, not foolish patsies
hopelessly bark at the taxis.
"Driver, are you from Odessa?
                              Do you pay taxes?"
"Sir, you underestimate people who work in taxis."
Moscow doesn't believe in tears,
          What does New York do with tears?
                                        It merely waxes.
Taxi!
      Taxi!
            Where are the bloody taxis?
You're completely dressed by Armani,
                              from cufflinks to condoms,
you are completely free from any syndromes,
you are completely shining and fresh,
but you open the taxi door
                        and you are in Bangladesh,
where the driver's turban
                        looks like bandages on invisible wounds.
Everybody wants to be happy.
It's a little bit crappy.
You couldn't make happy
this patchwork world —
                        this quarreling quilt.
It is our common guilt.

НЬЮ-ЙОРКСКИЕ ТАКСИ

Нью-Йорк —
                все человечество в одной кастрюле.
Пощады у Нью-Йорка не проси.
То черепахи желтые,
                то золотые пули —
ньюйоркские такси,
                такси,
                        такси.
Кричат и мини,
                кричат и макси:
"Taxi!
        Taxi!"
Как черненькие кляксы,
                две крошечные таксы:
на поводочке тявкают:
                        "Taxi!
                                Taxi!"
"Вы из Одессы, драйвер?
                        Как вы живете?"
                                        "Так
себе…"
Москва,
        слезам неверящая,
                        в Нью-Йорке вроде
плаксы…
"Taxi!
        Taxi!"
Вы вышли от Армани
                в изысканной одежде.
Зачем вам созерцанье
                и голода, и ран?
Но дверь такси открыли,
                и вдруг вы — в Бангладеше,
где, как бинты на ранах,
                водителя тюрбан.
Все быть хотят счастливыми,
                да вот одна заминка:
никак не осчастливить лоскутный этот мир.

Inside one taxi — Sri Lanka,
Inside the second — Santa Domingo,
Inside the third — starving Zaire,
almost without hope or desire.
New York taxi,
              you always hide something
                            behind your doors.
I'm afraid of you,
              but I couldn't live without
              the fragrant smell of your dirty floors.
This morning I jumped into Poland,
              at mid-day into Haiti.
Charge me double price, Taxi driver,
              my head has become too weighty.
At night I found myself in a fever in Sarajevo.
I am trying to speak Russian.
                        Drive to the left —
                                    nalevo!
Where will I be tomorrow?
                    In Jakarta?
                          In Punjab?
Where on this globe will you drop me,
                          my cab?
What kind of new wound from somebody's body
                        will end up on mine?
From where comes this wound?
                      From the Amazon?
                          The Volga?
                            The Main?
Probably here in New York,
                  that I never leave,
I will jump more often into Moscow,
                        into Kiev.
And such a pity that I can't say in Chinese
                      even on bended knees —
TAXI! TAXI!
              Where are you, damned taxis?

1996

Translated by Albert Todd with the author

158

В одном такси Шри Ланка,

                         в другом — Санта Доминго,

а в третьем —

                исхудалый затравленный Заир.

Всегда,

          такси ньюйоркские,

                    вы что-нибудь таите —

и я вас опасаюсь

                и не могу без вас.

Я утром впрыгнул в Польшу,

                  а в полдень — на Гаити,

и бьет меня ознобом в Сараеве сейчас.

А где я буду завтра —

                в Бомбее?

                   в Джакарте?

Где мое место следующее

                на всемирной карте?

Какая будет новая

             с чужого тела рана?

Откуда эта рана?

                Из Греции?

                  Ирана?

А, может, здесь, в Нью-Йорке,

                который не покину,

все чаще буду прыгать

             в Россию,

                в Украину?

И жаль, что я не знаю,

               как будет по-китайски:

"Taxi!

     Taxi!"

1996